歴史文化ライブラリー

176

スガモプリズン

戦犯たちの平和運動

内海愛子

吉川弘文館

目次

1　スガモプリズンとは

極東国際軍事裁判

二〇世紀の前半、日本は戦争に明け暮れた。そして、後半の半世紀、平和の中で生きてきた。戦後教育の中で育った私の世代は、軍歌を歌ってはいけないとは言われてきたが、小学校で戦争について学ぶことはなかった。しかし、生活の中には「戦争」があった。クラスには父親のいない生徒が何人もいた。焼け出された二家族が、わが家に同居していた。何よりも空腹だった。トウモロコシの粉で焼いたパン、みずっぽいサツマイモ、カボチャ、そんなものを食べていた。社会全体が戦争を引きずっていた。家の近くをはしる国道一号線には、ジープに乗ったアメリカ兵の圧倒するような姿があった。町には「町から村から工場から、働く者の叫びが聞こえる――」

図１　極東国際軍事裁判

（一九四七年、作詞国鉄詩人編集部、作曲坂井照子）という明るく力強い歌声と赤旗の波があった。そのメロディが駅頭で白衣の傷《しょう》痍《い》軍人たちが流す悲しげな軍歌と、私の記憶の中に共存している。

一九四六年五月三日、極東国際軍事裁判（International Military Tribunal for the Far East　一般には東京裁判と呼ばれる）が東京市ヶ谷で始まった。アメリカをはじめとする連合国一一ヵ国が、日本の戦争指導者だった東条英機《とうじょうひでき》はじめ二八人の軍人や政治家をさばいた裁判である。食うのに追われていた人びとは、戦争指導者に怨嗟《えんさ》と罵《ののし》りの声を上げても、裁判で何が裁かれるのか、それを丹念にウォッチングする余裕はなか

図2　スガモプリズン石碑

った。横浜やかつての「大東亜共栄圏」全域で行なわれていた裁判（一般にはBC級裁判と呼ばれる）については情報も少なかった。BC級裁判では、何が問題なのか、当事者にもよく理解できないままに死刑の執行が行われた。有期刑の者の勾留《こうりゅう》が続いた。「戦争」はこうした形で続いていた。

　戦犯やその容疑者たちが収容されていたのがスガモプリズンである。現在その跡地に、池袋サンシャイン60がたつ。西北側の区立公園にある「永久平和を願って」と刻まれた石が、わずかにスガモプリズンの痕跡をとどめている。

BC級戦犯

　スガモにはBC級戦犯と呼ばれる人たちも収容されて

いた。数の上ではこちらの方が圧倒的に多い。戦争中の行動が、「通例の戦争犯罪」にあたるという理由で逮捕されたのである。占領地の住民や連合国の捕虜を殺害したり、虐待したことは、戦争犯罪と見なされている。病気の捕虜に強制労働をさせたり、決められた量の食糧を与えなかったり、薬を与えなかったことも問題になった。捕虜を生体実験した事件もあった。日本は「陸戦の法規慣例に関する条約」（いわゆるハーグ第四条約、一九一二年一月一三日公布）などの国際条約を批准《ひじゅん》していた。これには、交戦国間での禁止行為が細かく決められていた。また、批准しなかったが、アメリカやイギリスなどに「準用」を約束した「俘虜《ふりょ》の待遇に関する条約」（一九二九年七月二七日、ジュネーブで署名）には、「博愛の心」をもって捕虜を取り扱うための細かな規定があった。捕虜や敵国の民間人、占領地の住民にたいして、やってはいけない行為が決められていた。だが、兵士たちが持っていた「軍隊手帳」や「歩兵全書」には、「軍人勅諭《ぐんじんちょくゆ》」や「戦陣訓《せんじんくん》」はあっても、戦時国際法は載っていない。もちろん国際法の教育などなかった。日露戦争のときの軍隊用の手帳には頁をあけるとまず「戦時国際法」があって、くどいほど捕虜の取り扱いを書いていたという（小田実『「民」の論理、「軍」の論理』一九七八年、岩波書店）。

空襲をした米軍爆撃機の搭乗員を斬首した事件が起こっている。工場や鉱山の警戒員が捕虜を激しく殴ることもあった。敗戦後、アメリカ軍は行方不明の搭乗員や捕虜の虐待をしらみつぶしに調べている。日本が受諾したポツダム宣言には「吾等《われら》の捕虜を虐待せる者を含む一切の戦争犯罪人に対しては厳重なる処罰加えられるべし」（第一〇項）という条文がある。調査の対象は軍人に限らなかった。村民も日本国籍をもたない者も、「通例の戦争犯罪」を行った個人の行為が追及されたのである。

千葉県佐原町（現佐原市）では、P51戦闘機の搭乗員を刺殺した事件が起こっている。一九四五年六月二三日ごろに起きたこの事件は、横浜のアメリカ軍第八軍の軍事法廷で裁かれた。一八人の被告のうち一二人が村民だった。なかに二人の女性もいた。一九四八年五月一四日の『毎日新聞』には、この二人の女性が無罪となった記事が載っている。女性が戦犯となったのが、九州大学での「生体解剖事件」である。遠藤周作の『海と毒薬』の舞台ともなったこの事件では、医者や医局員など二八人が起訴された。その一人が看護婦長だった。重労働五年の判決であったが、戦犯となった女性は彼女一人だったこともあって、注目を集めた。

東京裁判とは別に、アメリカ、イギリス、フランス、オランダ、オーストラリア、フィリピン、中華民国など九ヵ国が、それぞれの軍事法廷を開いて、このような「通例の戦争犯罪」を行った者を裁いている。これがいわゆるＢＣ級裁判である。

戦犯とされたアジア人

戦犯となった人の中には日本軍に協力したアジア人もいた。日本人との「混血」のアジア人もいた。明治時代から出稼ぎが始まっていた東南アジアには、日本人の子供たちがいた。多くが現地の女性との子供である。婚姻届を出すという考えが定着していない時代であり、日本に出生届が出ていない者もいた。父親を通して日本を知っていた子供たちは、日本軍の南進に心躍らせた。現地をよく知る「日本人」として「父の国」の戦争に喜び勇んで協力した者も多い。情報を提供したり、戦闘に参加している。住民の動向をよく知る彼らは、日本軍にとっては便利な存在だが、住民にとっては恐怖である。インドネシア（オランダ統治時代の蘭領《ランりょう》東印度《ひがしインド》）のアル諸島では、栗林ジロー・サブロー兄弟が、親オランダ分子の摘発に活躍した。日本人として認められ、「祖国」に協力できる彼らは張り切っていた。「巡警」として日本占領の末端を支えたのである。敗戦で立場は逆転した。今度は蘭領印度軍に協力する住民から報復を受け、アンボン島で戦犯として裁かれた。

村民、看護婦、通訳、占領地の住民、捕虜の監視をしていた朝鮮人や台湾人など、日本軍に協力した民間人、アジアの人たちも裁かれた。ＢＣ級裁判は、日本軍と日本軍に協力

図3　スガモプリズン全景　向う側のビル
(1948年11月撮影，毎日新聞社提供)

した人たちが犯した「通例の戦争犯罪」を裁いたのである。

スガモプリズンの開設　スガモプリズンには、開戦時の東条内閣の閣僚、軍人・政治家・官僚、財界人などから、村人まで収容されていた。占領下の日本で、アメリカ軍が管理した唯一の戦犯刑務所である。一九四五年一一月に開所したが、一九五二年四月二八日以降は日本政府の管理に移り、その名前も巣鴨刑務所と変わった。

戦犯として指名された者の逮捕は、降伏文書の調印直後から始まった。東条英機元首相を筆頭に、スガモが開設されるまでに、約六〇〇人が逮捕されている。はじめは、横浜の刑務所に、その後、東京大森の元捕虜収容所に拘禁《こうきん》されている。第一次逮捕者は、指導的地位にあった軍人や政治家である。そのためか、あるいは準備ができていなかったためか、横浜刑務所では彼らを「米人同様」に扱っていたという。『毎日新聞』にその食事メニューが紹介されている（一〇月二二日）。

朝食　半熟卵、ベーコン、オートミル、果物入りパン、コーヒー
昼食　牛肉、ジャガイモ、肉汁、豆、桃、果実入りパン、南京豆、バター、キャンディ
夕食　マカロニ、チーズ、冷凍肉、ほうれん草、パイナップル、果物入りパン、コーヒー

闇市《やみいち》で残飯を煮かえした雑炊《ぞうすい》を売っていた時代である。飢えを満たすのに血眼になっていた人たちには見たことも聞いたこともないような、豪華な食事である。新聞がメニューを紹介した意図は、単に驚いたのか、反感からなのか。「大物」たちには、食器は各自で洗うという「屈辱」があったが、食後にアメリカ煙草《タバコ》一本が支給される。「ラッキー・ストライク」だろうか。この煙草は進駐軍のイメージがある。

一一月六日、総司令部は、捕虜や連合国の民間人を虐待した疑いのある三〇〇〇人を逮捕し、引き渡すよう、日本側に命じている。容疑者の数は、今後、数千人にのぼるだろうと

予想された。連合国戦争犯罪委員会（一九四三年一〇月二〇日イギリス・ロンドンで設立）は、すでに戦争犯罪人のリストを作成していたのである。

増え続ける容疑者を収容するために、一九四五年一一月一日、米軍は東京拘置所を接収し、同月一四日「スガモプリズン」として開所した。逮捕された者は、日本人、外国人にかかわりなくここに収容された。開所直後のスガモには一三二人がいたが、その内訳をみると、日本人八二人、ほかはドイツ人、アメリカ人、オーストラリア人、中国人、ビルマ人、オランダ人、フィリピン人となっている。一一月一七日のスガモ「Daily Report」によると、「東京ローズ」として有名な戸栗・アイバやベニグノ・アキノ、ホセ・ラウレルなど日本の「傀儡《かいらい》政権」の指導者四〇人が横浜から移されている。この年一二月二八日現在、日本人以外の容疑者は五〇人を数えている。その中にはラジオ東京で宣伝放送をしていたスイスうまれのドイツ人女性とオランダ人、上海ラジオのオーストラリア人の三人がいた（RG 331, Box 1359・同 Box 1239 アメリカ公文書館）。

一二月三日には、梨本宮《なしもとのみや》や平沼騏一郎《ひらぬまきいちろう》、笹川良一《ささがわりょういち》、大川周明《おおかわしゅうめい》など五九人に逮捕命令が出された。六日にはさらに近衛文麿《このえふみまろ》や木戸幸一《きどこういち》ら九人にも逮捕令が出ている。この日、東京裁判の首席検事ジョセフ・B・キーナンら国際検察団が東京に到着した。大森の収容所にいた東条英機元首相たちが、スガモに移されたのは、一二月八日から九日にかけてである。戦時期日本の国家指導者たちが収容されたスガモプリズンは、軍国ニッポンの縮図でもあった。報道関係者や来日した検事、弁護士たちが訪れ、あらたに逮捕された者がつぎつぎに入所してくる。海外で戦争裁判が始まると、起訴された者はスガモに一時収容されてから、送り出された。プリズンの鉄門は、日夜忙しく開閉されていた。

スガモには「Major Japanese War Crimes Suspects」として六〇人が拘束されていたが、まだ、東京裁判の被告も決まっていない。フィリピンでは米軍マニラ法廷が山下奉文《やましたともゆき》に死刑の判決を下していた（一二月八日）が、一九四六年正月のスガモは、不安の中にも「のんびり」した空気が漂っていた。大阪俘虜収容所に勤務していた藤木二三男《ふみお》は、一一月に発表された三〇〇名の逮捕リストによって最も早い時期にスガモ入りをした。その藤木の『泣き笑いスガモ日記』は、初期プリズンの雰囲気を伝えている。

「年の初めのためしとて」元日には特例で三十分間、年始まわりが許された。「今年こそ出ましょう」「明けまして……。よい年でありますように」と複雑な挨拶をかわす。今までのくせで、「おめでとう」をうっかりやるが、現実がすぐ頭をかすめお互にきまずい思いをする。

十時には拝賀式が各フロアーで行なわれた。司会者が一名出て「この国家の非常時において、皇室を通じて平和日本の将来を祈りましょう」と挨拶がある。すめらみことに長年仕えて来た人達だから、皇室とか天皇とかいう言葉で身を正す。挨拶がすむと「天皇陛下万歳」を三唱する。二階では小磯国昭《こいそくにあき》元大将が選ばれた。獄をゆるがすような大声で万歳が叫ばれる。（藤木一三男『泣き笑いスガモ日記』朝日新聞社、一九八五年四月一七日インタビュー）

拝賀式と万歳三唱は、さすがにこの年のみであった。「天皇陛下万歳」の三唱がひびくスガモには、爆撃で消失した建物のレンガの土台が残り、礼拝堂などが残骸《ざんがい》をさらしていた。周辺は空襲の跡も生々しく、まったくの焼け野原だった。

戦犯たちが発行する所内紙『すがも新聞』に、スガモの歴史が解説されている。刑務所長を歴任し、現在は自らスガモの住人となった椎名《しいな》道蔵へのインタビュー記事である。

スガモは、一八九五（明治二八）年、敷地四万八〇〇〇坪を有する日本最大の巣鴨監獄として発足した。当初は、警視庁の所轄だったが、後に司法省の管轄になり、一九〇三年、巣鴨刑務所と名前を変えた。関東大震災で、市ヶ谷にあった東京拘置所が被災し、一時、巣鴨に移ってきた。一九三三年、府中に刑務所が完成すると、巣鴨の在監者はそこに移され、巣鴨には東京拘置所が正式に移転してきた。三三年には改築工事も行われた。椎名が監督していた。工事にあたったのは、府中に移った元の在監者である。このとき、敷地は元の四分の一に縮小された。一九三七年六月、水洗トイレそのほか近代的な設備をもった東京拘置所が完成した。白亜の建物の内部は、面会接見所をはじめ「当時は諸外国に比し決してひけをとらないものだったという。本人が希望するほかは作業もなかった。大半の者には約二万冊近くあった図書と散歩が楽しみだったようだ」(『すがも新聞』第一五号、一九四八年九月一一日発行)。

都心にあった私の家が水洗トイレになったのは、一九五〇年代だった。戦前に水洗トイレの完備した拘置所は、確かに「近代的」だったろう。東京拘置所は、思想犯や特高関係で捕まった者が入っていた。

リヒアルト・ゾルゲを中心とした「スパイ事件」で、検挙された尾崎秀実《おざきほつみ》も収容されていた。尾崎は検挙後、目黒署で残忍な拷問《ごうもん》による取り調べを受けた後に、一九四一年一一月一日、東京拘置所に移されている。それから三年、日本帝国の崩壊を見届けることなく、一九四四年一一月七日午前九時五四分、拘置所内で絞首刑になった。ゾルゲも同じ日の午前一一時ごろ、同じ拘置所内で絞首刑になっている(風間道太郎『尾崎秀実伝』法政大学出版局、一九六八年）。

尾崎秀実などの思想犯を拘留した東京拘置所がスガモプリズンとかわり、侵略戦争を指導した罪を問われた戦争指導者たちを収容したのである。

スガモへの道

戦犯の逮捕と日本の協力

終戦連絡事務局の設置

一九四五年八月九日午前、最高戦争指導会議構成員会議が開かれた。軍部は、ポツダム宣言の受諾にあたって、日本側が「先手を打って」裁判を行うとの付帯条件を提案したという。結果として、この条件は加えられなかった。だが、占領軍の進駐までの間、軍部だけでなく政府内部の空気は、「降伏文書の実施という冷厳たる現実とは非常に遠いもの」があり、「事大主義的態度をとるものが多かった」、外務大臣重光葵《しげみつまもる》はこう記している。マッカーサー司令部との連絡のため、外務省に「終戦連絡事務局」を新設しようとした重光の提案も、当初は内閣で大きな反対を受けている。設置が決まったのは八月二六日である（重光葵『昭和之動乱 下』中央公論社、一九五二年）。

「終戦連絡中央事務局」は、戦争状態の終結に関する渉外事務を行う事務局である。戦犯逮捕の連絡は、はじめのうちはこの「横浜事務局」が窓口になった。局長に就任した鈴木九万《ただかつ》は、戦争中に外務省の「在敵国居留民関係事務室長」だった。捕虜や抑留者《よくりゅうしゃ》取扱に関する抗議や問い合わせを受けた部署の責任者である。連合国の捕虜問題への厳しい姿勢を知っていた。

「横浜事務局」は、八月二二日「横浜地区連合軍受入設営委員会」として設立されており、これが三〇日に「横浜終戦連絡事務局」と改称された（内政史研究会『鈴木九万氏談話速記録』一九七四年）。

日本政府の姿勢

連合国最高司令官総司令部（ＧＨＱ）は、Ｄ・マッカーサー元帥の副官シドニー・Ｊ・マッシバー大佐を連絡係に指名してきた。総司令部と「横浜事務局」との間に、アメリカ軍用の直通電話が設置された。大佐と接触した鈴木は、総司令部は日本が考えている以上に戦犯問題を重要視しており、すぐにも手をつける意向であると見てとった。九月一一日、アメリカ軍憲兵（ＭＰ）が、突然、東条英機《とうじょうひでき》の逮捕に向かった。寝耳に水だったと鈴木は言う。急転する事態に岡崎勝男長官から、次の二点を要求するように指令が届いた。

1　戦犯容疑者の逮捕のような場合、日本政府を通じて身柄を拘束すべきこと。

2　東条英機を無理に横浜へ連行するのを中止するよう要求すること。

マッカーサーの主席副官B・S・フェラーズ准将《じゅんしょう》は、日本側の主張は容認できないが、東条については東京の第一騎兵師団から軍医を派遣し、無理な場合は連行しないことを約束した。総司令部は、同日の夜遅く、開戦時の東条内閣の閣僚を含む日本人および外国人計四三人の逮捕を発表した。一二日、マッシバー大佐は、日本側が戦犯処罰にたいしてどのような方針をもっているのか、その提示を求めている。鈴木は、松本俊一外務次官にその旨を連絡した。一二日、臨時閣議で、はじめて、戦争裁判にたいする政府案が検討された。午後二時、岡崎長官から鈴木にあてて、政府が声明を発表する用意があることをマッカーサー側に申し入れ、先方の返事ぶりを報告するようにとの指令があった。政府声明案は次のようなものであった。

日本政府に於《お》いては、俘虜《ふりよ》抑留者の虐待《ぎやくたい》其の他国際法規並びに戦争法規に違反せる行為を為《な》せる者に対し、連合国の提示せる表に基《もと》き証拠を審案し厳重かつ公正なる裁判を行ふの決意あり。（原文カタカナ）

　だが、再び鈴木に電話があり、申し入れは「事情」により中止された。『木戸日記』によると、「事情」というのは天皇の不同意であったという。再検討を求める天皇にたいして、東久邇宮稔彦《ひがしくにのみやなるひこ》首相は、外務大臣、司法大臣を連れて参内し、ようやく了承をえている。自主裁判については、九月上旬の「終戦処理会議」(総理大臣、外務大臣、陸軍・海軍大臣、国務大臣、参謀総長、軍令部長で構成)で、すでに検討されていた。下村定《しもむらさだむ》陸軍大臣によると、これによって裁判の公正を期し、連合国側の指名するままに、無条件に容疑者を引き渡すことが避けられると考えていた。日本のいわゆる「自主裁判」がこうして始まった。第三八軍臨時軍法会議で八人の刑が確定し、本間雅晴《ほんままさはる》中将の礼遇停止の行政処分も決った。だが、これらの被告は再度連合国の裁判で裁かれ、七人に死刑の判決が下されている。翌年の二月一九日、総司令部の指令で自主裁判は中止された(「刑事裁判権の行使に関する覚書」法務大臣官房司法法制調査局『戦犯釈放史要』一九六七年)。

日本政府による戦犯逮捕

　九月一二日、三度目のマッシバー・鈴木会談が開かれた。総司令部側は、日本が戦犯容疑者を拘束し、それをアメリカ側に引き渡すことを了承している。この日、重光外務大臣が横浜の総司令部に出向いた。重光はアメリカ軍による東条英機の逮捕は「占領政策は総て日本政府を通じてやる、と云ふ言質《げんち》に反する」と指摘し、今後、戦犯の逮捕と身柄の引渡しは日本側が行うことを申し入れている（永井均「敗戦直後における日本側の戦争犯罪調査について」『戦争犯罪調査資料』東出版、一九九五年）。

「わが官憲の手で戦争犯罪者引渡し」、翌一四日の『毎日新聞』はこう報じた。逮捕は日本側が行うことになった。この日、鈴木貞一《すずきていいち》元国務大臣ら九人が、警視庁巡査に「護衛」されて横浜に到着、第八軍に身柄が引き渡された。はじめのころは横浜のホテル・ニューグランドで数日間、客扱いをされていたが、この時はすでに横浜刑務所へ移管されている。それでもかなりの自由があり、食事は先に紹介したようなものであり、映画も見られた。

一〇月五日、大森の収容所に移されるまでの一ヵ月あまり、こうした生活が続いた。

八月末から約二ヵ月間、横浜事務局が、戦犯取扱いについての窓口になってきた。一〇月二四日以降、リストは終戦連絡中央事務局に送られることになった。総司令部は、日本政府に逮捕指令を出し、日本側が容疑者の身柄をスガモに引き渡す、こうした形式をとったのである（戦犯事務室「戦争犯罪容疑者入所ニ関スル参考事項」一九四六年一月三一日、『本邦戦争犯罪人関係雑件　戦犯容疑者関係一』外交史料館）。

逮捕指令を受け取った終戦連絡中央事務局が内務省に連絡し、内務省は戦犯指名された者が居住する地域の警察に連絡し、地域の警察から本人に通達して、出頭をもとめた。内務省警保局からの通牒《つうちょう》には、「捜査及《および》同行」のとき、身の周りの整理が必要な者の場合は、なるべくそれをさせたうえで執行するようにと、注意をうながしている。逃亡をおそれるあまり、不意打ち的に逮捕するような場合があったようで、「今少し、理解と同情とを以《も》って常識的に処置する」ように指示している（臨時調査部「戦犯容疑者取扱に関する件」〔日付けは不明〕前掲『戦犯容疑者関係一』所収）。

東京俘虜収容所第九分所（足尾分所）長沼尻茂の逮捕は、次のようだった。

二月一日大雪の午後警察から刑事が来て「四日に巣鴨に連行する事になったので、今晩から警察に泊まってくれ」という。仕方なく警察の宿直室に泊まる事にした。二月四日朝、家族・縁者・近隣の人々におくられ、義弟三人と刑事同道水海道《みつかいどう》を出発した。

（略）

スガモプリズンの近くにあった終戦事務局出張所に行き入所の手続きをとった。（沼尻茂『楽苦我記』、私家版、一九八八年）

地方の名望家だった沼尻の場合、不意打ち逮捕ではなかったが、場合によっては、終戦連絡中央事務局（終連）に連絡なしに、総司令部が直接指令して拘引《こういん》することもあった。大牟田《おおむた》俘虜収容所の軍医だった吉浦亀雄《よしうらかめお》の場合は、刑事八人に拳銃を突きつけられて、逮捕されている（吉浦亀雄『スガモプリズン界隈』私家版、一九五六年）。

沼尻も吉浦も捕虜収容所に勤務していた。捕虜に関係していた者に厳しい追及があることは、ポツダム宣言を受諾した段階から予想された。だが、政府や軍部は事態を十分に認識していなかったようだ。一〇月一七日、米軍憲兵司令官一行は俘虜情報局を調査し、高級所員への聞き取りをしている。その調査をうけた俘虜情報局は、「相手は胡麻化《ごまか》されぬ」と、軍や政府の捕虜問題への認識の甘さを指摘している。この調査の直後に先の三〇〇人にのぼる捕虜収容所の関係者に逮捕令が出されている（「米軍憲兵司令官一行ノ実施セル調査概況」、内海愛子・永井均編・解説『東京裁判資料――俘虜情報局関係文書』現代史料出版、一九九九年）。

議会が戦争責任を「決議」

戦争責任・戦争犯罪人をめぐるあわただしい動きは、政府と総司令部との間だけではなかった。議会でも、戦争責任について激しい駆け引きが行われ、議席数の多い進歩党の提案が、衆議院で決議された。

「戦争責任に関する決議」

今や、我国は、一大敗戦の結果、思想政治経済社会の全面に亘《わた》り、肇国《ちょうこく》以来、未曾有《みぞう》の危局に直面せり。

此《こ》の秋《とき》に当り、道義日本建設の方途を確立し、以《もっ》て万世の為《ため》に太平を開かんと欲《ほっ》せば、今次敗戦の因由《いんゆ》を明《あきらか》にし、其《そ》の責任の所在を糾《ただ》し、将来、斯《かく》の如《ごと》き不祥事再発の危険を途絶するの途を講ぜざるべからず。

惟《おも》ふに、戦争責任なるものは、之《これ》を国際的に稽《かんが》ふれば、世界平和を攪乱《かくらん》する無謀の師《し》を起さしめたる開戦責任と、開戦後に於て、国際条規に背反する惨虐《ざんぎゃく》行為を行いたる刑事犯罪とに止る。宣戦以後、国家の命令に奨順《しょうじゅん》して、合法的に戦争遂行の為、職域に挺身《ていしん》したる一般国民に及ぶべきものにあらず。

翻《ひるがえっ》て、今次敗戦の因《よ》って来るところを観するに、軍閥官僚の専恣《せんし》に基づくこと素《もと》より論なしと雖《いえども》、彼等に阿諛《あゆ》策応し、遂に、国家国民を戦争強行に駆《か》りたる政界財界思想界の一部人士の責任も亦《また》、免《まぬか》るべからざるところなり。

我等職に立法の府に列《つらな》る者も亦、静かに過去の行蔵《こうぞう》を反省し、深く自粛自戒し、新日本建設に邁進《まいしん》せざるべからず。

右決議する

昭和二〇年一二月一日

（「昭和二十年公文雑纂　陳情請願意見書帝国議会　巻9」国立公文書館）

敗戦の責任が軍閥や官僚に帰せられている。政界など一部の人たちも責任は免れないと言及はしているが、立法府にあるわれわれも深く反省し自戒しようという内容にとどまっている。具体的な責任の追及もない決議である。だが、ともかくも議会としても決議を出さざるをえなかったのは世論の動向であった。戦争責任ついて各界で論議されているときに、一人政界のみが何の態度も示さないのはきわめて遺憾である、こうした声が、自由党や社会党や無所属の議員の中からあがってきたのである。各党がそれぞれ戦争責任の決議案を提出することになった。社会党は議員数が足りないため、自由党案に合流している（四五議席）。その中で、大政翼賛《たいせいよくさん》的な議員が多かった与党進歩党（二七二議席）が、しぶしぶ出してきたのが先の決議案である。議会で圧倒的多数を占める進歩党が、アリバイ的な意味合い、具体的には選挙対策のために出してきた決議案といわれる。

自由党案はもう少し踏み込んでいる。自由党案には次のような文言が入っている。

国民を代表して範を天下に示すべき衆議院が、この際、戦争責任を明確にせずして、議事を進むるが如きは断じて許すべからざることとなり。戦争開始以来、政府と表裏一体となり、戦時議会の指導に当たれる者は、この際速《すみ》やかにその責任を痛感して、自ら進退を決すべし。

軍部と一体となって戦争を指導してきた議員、具体的には進歩党の議員への退職を勧告する内容である。この二大提案をめぐって、一二月一日の衆議院本会議は論戦が続いた。自由党の安藤正純《あんどうまさずみ》がこの提案説明を行っているが、基調は敗戦責任の追及である。国民総懺悔《そうざんげ》で、国民全部の責任が解除されるわけではないのと同じように、衆議院も天皇陛下と国家に対して重い責任を感ずると同時に、政治的にも責任を痛感すると述べている。天皇と国家にたいして敗戦の政治責任を痛感する、このような提案説明である。

進歩党は作田高太郎《さくだたかたろう》が先の決議文の内容を提案説明し、ポツダム宣言の忠実な履行《りこう》を訴えている。このほかに無所属倶楽部《クラブ》の九二人がいるが、決議には参加せずに、そろって退場し、声明を発表している。声明は、両案ともに、他人の責任を追及するのが急で「自ら敗戦の政治責任を痛感し、その罪を国民に謝するの態度に欠くるは頗《すこぶ》る遺憾なり」と、批判している（『毎日新聞』一九四五年一二月二日）。

時流に乗って議会でも決議案を出してはきたが、政党の「泥仕合《どろじあい》」に利用された決議案だった。上程に至るまで紛糾《ふんきゅう》を重ねた決議文にたいして、『朝日新聞』は、「戦争責任という尤《もっと》もらしい掛声とはおよそかけ離れた自党本位の思惑《おもわく》、策謀、駆引が各党派の舞台裏で続けられてきた」のであり、「選挙への駆引」で貴重な会期を空費したと、批判している（一九四五年一二月二日）。

一〇月一〇日、東京拘置所の前は、赤旗と出迎えの人に埋められ、万歳の響きと革命歌で沸き立っていた。神山茂夫《かみやましげお》たち政治犯が釈放されたのである。獄中非転向を貫いた神山が「真の人民革命をはじめ、そのもっとも強い推進力となるために、今、愛する日本人民の中にかえりつつあるのだ——こうした感激にもえたぎ」り仲間と共に動き出した（神山茂夫『死もまた涼し』浅間書房、一九四八年）。

「戦争犯罪人追及人民大会」

共産党を中心に、戦争犯罪人の追及は熱を帯びていた。一二月八日には、共産党ら五団体が主催して「戦争犯罪人追及人民大会」が、東京神田の共立講堂で開かれている。開場前から人びとが会場を埋め尽くしたという。山辺健太郎《やまべけんたろう》、鈴木東民《すずきとうみん》、朴烈《バクヨル》らが演説し、戦争犯罪人の追及や天皇の戦争責任を強調した。ここで天皇をはじめとする一六〇〇人の戦争犯罪人のリストが発表されている。このリストは、一一日に総司令部と政府（次田内閣書記官長）に手渡された。共産党は、単に氏名の羅列《られつ》では無意味だとして、独自に「戦争犯罪調査委員会」を設置し、リストにあげた戦犯の詳細な調査とともに、各職域の下級指導者の責任を追及しようとしていた。当時の新聞は、わずか十数行でこの大会を報じているにすぎない。

戦時中、軍国主義と闘った弁護士布施辰治《ふせたつじ》は、独自に「戦争犯罪人処罰試案」を発表している。戦争犯罪人の容疑者に「自覚手記」を書かせる。そして、公衆の面前で、犯罪人または戦時利得者の自覚する犯罪と責任を、ある数の問罪者、問責者が、具体的な事項をあげて、その犯罪その責任を追及するという方法である（『毎日新聞』一二月一〇日）。

手記を書かせ、犯した罪を自覚させる方法は、その後、中華人民共和国の戦争裁判で行われている。これに人民裁判的な要素を加味したのが布施方式である。「戦争犯罪人を裁け」と、世論が沸騰《ふっとう》している中で、布施辰治案は、かなり冷静な提案だったろう。

治安維持法で弾圧されてきた人たちが、軍部や政治家の責任の追及を始めた。「戦争犯罪人追及」の人民大会には、戦争中の恨みや怒りが沸騰していた。人びとが戦争犯罪人の追及に熱くなっている中で、医学生として戦争中を生きてきた作家山田風太郎《やまだふうたろう》は「一体どんなことをがなりたてるのか一寸《ちょっと》きいてやろう」と、冷静というより極めて冷淡な眼で、大会を見に出かけている。山田は「今『国民の声』として新聞に罵《ののし》られ続ける巣鴨収容所の囚人よりは、それを罵る権利あるのは吾《われ》のみといった顔をして、鬼の首でも取ったようにのさばり出る『戦争傍観者』を憎む」と書いていた。「無知な大衆は、昨日天皇を叫び、国と共に殉《じゅん》ずるの歌を高唱した同じ口で、今日は軍を呪《のろ》い、マッカーサーに媚《こ》びている」と、嫌悪感を抱いていた。マスコミに溢れる「戦争犯罪人への罵倒《ばとう》」と「勝利者への卑屈な追従《ついしょう》の声」を嫌悪していたのである。「『戦争犯罪人』という名ほどわけの分からぬ滑稽《こっけい》なものはない」とすら記していた（山田風太郎『戦中派不戦日記』講談社、一九八五年。『戦中派焼け跡日記』小学館、二〇〇二年）。

「傍観者」は山田自身かもしれない。戦争中も読書を欠かさず、熱することなく戦争を見つめてきた山田は、戦犯追及にもさめた視線をなげかけていた。山田とちがって、戦前に「巣鴨監獄」にいた山川大造は、「われ等は正義に立脚し、人道をモットーとするアメリカの公正な裁判に信頼し、彼等の罪を徹底的に糾弾されんことを期待する」と書いている（『巣鴨獄窓記』東京・民生出版社、一九四六年）。

日本共産党が、アメリカを「解放軍」とみなしていた時である。東京裁判が始まったころ、日本人が抱いていたアメリカへの幻想は、山川に近いものがあっただろう。

「勝利者への卑屈な追従」か、総司令部にも一週間に平均七五通の投書が、封書や電報で寄せられている。また、個人的に情報を提供しようという日本国民の訪問が相ついでいた。カーペンター大佐は、情報提供にたいして、「日本国民が戦争犯罪人の処罰にあたってその分を尽くし、以て国民的自尊心を表明しようという覚醒《かくせい》を現すものである」と歓迎しながらも、できれば筆者は、自分が通報しようとしている虐待行為に対して、名前、場所、時間帯を明確にしてほしいと、コメントしている。なかには、遠路はるばる法務部を訪れて、ビルマにいる自分の息子を、戦争犯罪人として取り調べてほしいと、申し出た者がいた。理由は、息子が出征前に両親を虐待したから、きっと戦争犯罪を犯しているに違いないと信じているからだという（『毎日新聞』一九四六年一月二二日）。

あらたな権力者に迎合し、密告とも思える情報を提供する国民――山田が嫌悪していたのはこうした人たちの動きであろう。軍国主義のお先棒を担いで権力をふるった町や職場の「小天皇」――隣組《となりぐみ》の組長や警官や教師たちが突然、民主主義者に転身した。戦争を煽ったマスコミも、民主主義を、マッカーサーを讃えていた。

戦争裁判でいったい何を誰を裁こうというのだろうか。にわか「民主主義者」たちも、不安と期待をもってながめていた。

東京裁判で裁かれたこと

極東国際軍事裁判

連合国軍最高司令官D・マッカーサー元帥は、一九四五年一二月までに一〇〇人を超す指導者の逮捕を指令する一方、国際裁判の準備を進めていた。一二月八日には国際検察局が設置された。検察官は一一ヵ国から構成され、多い時には四八七人を数えた。圧倒的多数がアメリカ人である。ジョセフ・B・キーナン主席検察官は、スタッフをAからHまでの八つの作業グループに分けて、起訴の対象期間、誰に責任があるのか、人物の確定と資料調査を行った。

検察局は、一九二八年一月一日から一九四五年九月二日までを「侵略戦争を計画し準備し開始しかつこれを実行」した「犯罪的軍閥《ぐんばつ》」に支配されていた時期とみなしている。この期間に侵略を「共同謀議」したものを起訴した。

ナチスドイツを裁いたニュルンベルク裁判と同じく、「通例の戦争犯罪」「平和に対する罪」「人道に対する罪」の三つの罪が適用されている。被告二八人は、東条英機《とうじょうひでき》を中心とした陸軍の軍人が大多数を占めていた。しかし、統帥部《とうすいぶ》の参謀のうち、杉山元《はじめ》参謀総長が東条逮捕の翌九月一二日に自決し、海軍軍令部長永野修身《ながのおさみ》は起訴されたが、裁判途中の一九四七年一月五日病死している。戦争遂行に絶大な権力を発揮した参謀たちが、被告席にいなかった。こうした被告人の選定に大きな問題が残った。

一九四六年四月二九日、キーナン首席検察官が起訴状を提出した。裁判所は一一ヵ国の判事（オーストラリア・カナダ・中華民国・フランス・オランダ・ニュージーランド・ソビエト連邦・イギリス・アメリカ・インド・フィリピンから各一人）で構成されている。キーナンは「文明に対して宣戦を布告」した被告たちの責任を追及した。提出された検察側の書証は、一号から二二八二号にまでのぼった。起訴は、侵略戦争を計画し、準備し、開始しかつこれを実行した者の責任の追及に主眼が置かれた。訴因は五五項目、これが三類に分かれていた。一類は検察側が最も重視していた「平和にたいする罪」である。第二類が「殺人罪」、第三類が「通例の戦争犯罪及び人道にたいする罪」である。これら三類すべてに、

表1　判決一覧（起訴状中に訴追された各訴因についての判定と宣告刑一覧表）

項目	有罪・無罪の判定の対象となった訴因										宣告刑
訴因番号	1	27	29	31	32	33	35	36	54	55	
訴因内容／被告名	侵略戦争遂行の共同謀議	対中国侵略戦争遂行	対米侵略戦争遂行	対英侵略戦争遂行	対蘭侵略戦争遂行	対仏侵略戦争遂行	張鼓峰事件遂行	ノモンハン事件遂行	違反行為の命令、授権許可による法規違反	違反行為防止責任無視による法規違反	
荒木貞夫	●	●	○	○	○	○	○	○	○	○	終身禁錮刑
土肥原賢二	●	●	●	●	●	○	●	●	●	△	絞首刑
橋本欣五郎	●	●	○	○	○				○	○	終身禁錮刑
畑俊六	●	●	●	●	●		○	○	○	●	終身禁錮刑
平沼騏一郎	●	●	●	●	●	○	○	●	○	○	終身禁錮刑
広田弘毅	●	●	○	○	○	○	○		○	●	絞首刑
星野直樹	●	●	●	●	●	○	○		○	○	終身禁錮刑
板垣征四郎	●	●	●	●	●	○	●	●	●	△	絞首刑
賀屋興宣	●	●	●	●	●				○	○	終身禁錮刑
木戸幸一	●	●	●	●	●	○	○	○	○	○	終身禁錮刑
木村兵太郎	●	●	●	●	●				●	●	絞首刑
小磯国昭	●	●	●	●	●			○	○	●	終身禁錮刑
松井石根	○	○	○	○	○		○	○	○	●	絞首刑
南次郎	●	●	○	○	○				○	○	終身禁錮刑
武藤章	●	●	●	●	●	○		○	●	●	絞首刑
岡敬純	●	●	●	●	●				○	○	終身禁錮刑
大島浩	●	○	○	○	○				○	○	終身禁錮刑
佐藤賢了	●	●	●	●	●				○	○	終身禁錮刑
重光葵	○	●	●	●	●	●	○		○	●	禁錮7年
嶋田繁太郎	●	●	●	●	●				○	○	終身禁錮刑
白鳥敏夫	●	○	○	○	○						終身禁錮刑

鈴木貞一	●	●	●	●	●		○	○	○	○	終身禁錮刑
東郷茂徳	●	●	●	●	●			○	○	○	禁錮20年
東条英機	●	●	●	●	●	●		○	●	△	絞首刑
梅津美治郎	●	●	●	●	●			○	○	○	終身禁錮刑

備考
● 有罪と判定された訴因
○ 無罪と判定された訴因
△ 判定が下されなかった訴因

注　起訴状にあげられた55の訴因のうち，5（日独伊三国の世界支配の共同謀議），34（タイ王国への侵略戦争の遂行）は，証拠不十分で除外。2～4，6～26，28，30，39～43，45～52は，別の訴因の認定に含まれるとの理由により除外。37，38，44，53は管轄権がないと認定し除外され，残りの10の訴因について，有罪，無罪の認定がなされた。

出典　冨士信夫『私の見た東京裁判・下巻』，講談社，1988年

共同謀議が適用されている。共同謀議は、「違法な行為、あるいはそれ自体適法な行為を違法な方法で行なおうという二人以上の者の合意」と定義されており、裁判の柱を形づくっている、英米法独特な法理論である。しかし、日本はどこまで「共同謀議」をして戦争への道を突っ走ったのか、日本の戦争指導の実態を知る者には、この概念は納得がいかなかったという。

日本の場合、戦争指導は、政治（国務）の最高補弼者《ほひつしゃ》である内閣総理大臣と、統帥《とうすい》（用兵作戦）の最高輔翼者《ほよくしゃ》である軍令部総長と参謀総長の三者の鼎立《ていりつ》において行われていた。「国務」と「統帥」とで統合運営されていたが、二つを統括する国家機関はなかった。天皇は君臨したが統治しなかったため、両者は統合できないままに、戦争指

導が行われてきた。すなわち戦争指導の責任者は、究極のところはっきりせず、いわば寄り合い世帯だったというのである。そのうえ、陸軍と海軍との間には、対立抗争があった。両者の間で合意を得るのは極めて困難で、相互に協議を必要とする事項以外は、「陸軍限り」「海軍限り」でやっていた。いっさい相手に束縛を受けず、極端にいえば秘密にしていたので、相互に相手の事情がさっぱりわからない。飛行機や船の「分捕り」などは、こうしたバラバラと抗争を雄弁に物語っている。戦争指導を困難にした最大の原因、それが陸・海軍の抗争だったとすらいわれている。現地にたいする指示が、陸軍省と参謀本部でいろいろ食い違っていたこともあったのである（種村佐孝《たねむらさこう》『大本営機密日記』芙蓉書房、一九七九年）。

こうした戦争指導では、「共同謀議」などやりたくともできなかった、これが被告側の偽《いつわ》らざる感情だった。日本の戦争指導の特異なあり方は、「共同謀議」で説明するのは無理があった。だが、検察団は、一九二八年一月一日から一九四五年九月二日までの約一七年八ヵ月の日本の政策を、「共同謀議論」で説明した。

二年余に及ぶ審理で、法廷で受理された書証は供述書を含めると四四三六通、約九〇〇万語、出廷証人は四一九人に及んだ。「共同謀議」の立証に、膨大なエネルギーを費やした証言では、捕虜の虐待《ぎゃくたい》が多く取り上げられ、斬首《ざんしゅ》が強調され、数え切れないほどの集団強姦の報告も取り上げられた。しかし、裁判の柱の一つである「人道にたいする罪」の概念は、判決では「通例の戦争犯罪及び人道にたいする罪」と一括され、個別判決は出されなかった。

一九四八年一一月一二日、判決が言い渡された。被告二八人中、二名が病死、一名が精神障害による公判手続の停止があったため、判決が下ったのは二五人である。七名が絞首《こうしゅ》刑、一六名が終身禁錮《きんこ》刑、二名が有期禁錮刑となっている。絞首刑は、一九四八年一二月二三日、スガモプリズンで執行された。翌二四日、第二次東京裁判の容疑者として拘留されていた岸信介《きしのぶすけ》ら一七名（一九名うち二名は病死）が、不起訴となり無罪釈放された。

裁判と日本側の機構

D・マッカーサーが国際軍事法廷を開設する意向を明らかにすると、日本政府は、戦犯関係の取り扱い事務機構を改変し、拡充した。外務省は、一九四五年一一月中旬、戦犯取扱いのために、終戦連絡中央事務局に「中村豊一公使室」をおいた。これが「法務審議室」になり、外務省、第一復員省（元陸軍省）、第二復員省（元海軍省）の委員や国際法学者高柳賢三《たかやなぎけんぞう》などが集まって、戦争犯罪資料の収集にあたった。

被告人選定作業が進む一九四六年二月一四日、次官会議で、戦争裁判の事務処理に関する機構が、統合強化された。終戦連絡中央事務局第一部（三月一五日以降、政治部と改称）の中に、関係各省の部長級の会である「戦争裁判連絡委員会」と「戦犯事務室」・「戦犯調査室」（のちに「国際検察局連絡室」と改称）が設置された。この「戦犯事務室」の付属に、「巣鴨分室」と「市ヶ谷分室」がある。「巣鴨分室」は、すでに、一九四五年一一月中旬から、収容された者との連絡や面会、差し入れの世話などにあたっていた。「市ヶ谷分室」は、東京裁判の法廷が開かれた市ヶ谷に置かれた。裁判が始まった一九四六年五月から一九四八年八月に廃止されるまで、法廷との連絡、証人旅費の支給などを行っている。（『本邦戦争犯罪人関係雑件　業務半月報（巣鴨分室）』外交史料館）。

日本政府の裁判支援の体制が整えられていった。嶋田繁太郎元海軍大臣の弁護人として、裁判にかかわった滝川政次郎《たきかわまさじろう》によると、裁判は表向きには平等をかかげながら、差別的身分主義と個人主義とが横行したという。

弁護人控室は一階と二階とにある。二階は大たいアメリカ弁護人の部屋であり、一階はわれわれ日本人弁護人の部屋である。かように同じ弁護人であっても、日本人と欧米人とが差別されていることが、東京裁判劇場の一つの特色である。（中略）一階以上の便所は、欧米人専用便所であって、日本人は弁護人といえども使用することは許されない。（中略）日本人と欧米人とでは、この劇場に入る出入口も違っている。われわれ日本人弁護人は正面の入口は勿論《もちろん》、被告の出入する横側の入口から出入することも許されない。われわれは、建物の裏口か横側の地下室の入口から弁護人の控え室へ通った。（『東京裁判をさばく(上)』創拓社、一九七八年）

国際的な注目の中で開かれた東京裁判ですら、こうした差別があった。BC級裁判、なかでも海外で行われた裁判のなかには、滝川が感じた白人優位の思想や人種主義を、さらに色濃く反映しているものもあった。しかし、欧米人による差別を怒るその滝川は「フィリピン人は大の嘘つき」と、その証言の信ぴょう性を疑い、「南洋土人の口供書」がでたらめなものであると、アジアへ蔑視のまなざしをむけている。

逃　亡

はじめて戦犯逮捕の指令が出た一九四五年九月一一日から四六年一〇月末までに、九四件、一四七〇人が戦犯指名されている。海外での指令を含まない数である。内務省、旧陸・海軍省、外務省が、戦犯関係の省庁として動いていた。一九四七年一月二九日、内務省から公安二課、復員庁から法務調査部、臨時調査部、終戦連絡中央事務局から内政課と戦犯事務室が出席した連絡会議の「記録」には、終連政治部内政課長の談として、シュナイダー少佐の要望の大要が記録されている。

シュナイダー少佐は、戦犯呼出、出頭、軍歴などの調査手段が不十分とおもわれる、報告がタイムリミットまでにできないとき、また、指定日までに出頭およびスガモに入所できないときは、その日以前に報告せよと注意した。これが将来も実行できないようなことがあるとすれば、「予の許容範囲を出づる」ので上司に報告するなどしかるべき取り扱いをする」と注意した。担当者が、日本の戦犯逮捕の能力に、かなりいらだっていた様子がうかがえる。一九四七年一月二九日現在、未逮捕者が三〇%近くにのぼっていた。この過半数が容疑該当者が判明していないとの報告である。連合国側は、単に該当者がいないとの報告だけでなく、「士官名簿に記載しない」（記載なしの意か—内海）とか、なるべく具体的処置を報告することを要望していた（「戦犯関係連絡会議記録」前掲『本邦戦争犯罪人関係雑件』）。

「所在不明あるいは逃亡」が六二人、その一人、東京憲兵隊司令官大谷《おおたに》敬二郎《けいじろう》元大佐が逮捕されたのは、一九四九年二月二八日、三年近く逃亡していた。憲兵隊のトップだった大谷は、捜査機構を熟知していたと思われるが、結局は逮捕された。変死体が大谷に似ていたことから、一時は自殺したと見なされた。だが、お茶の行商をしながら、全国を逃亡していたのである。元ボルネオ地区参謀本部情報主任宮川清中佐も、逃亡した。アメリカ人飛行士の不法処刑と人肉食を問われた少尉の場合は、青函《せいかん》連絡船のデッキに、衣類と遺書を残して投身自殺に見せかけたが、逮捕されている。戦後、テレビの名作といわれる『私は貝になりたい』（橋本忍《しのぶ》脚色）の原作となった手記の一つを執筆した加藤哲太郎も逃亡した。

妹加藤不二子によると、哲太郎が逃亡した後、住んでいた川崎新丸子《しんまるこ》警察署から「哲太郎をかくまっているだろう」との陰湿な追及が始まった。病弱だった父親加藤一夫は、日本ではじめてトルストイ全集を出版、アナーキズム系の思想団体「自由人連盟」を創設するなどの活動をしていた作家である。関東大震災の時に警察に拘留された体験をもっていた。その一夫が、たびたび警察に出頭させられ、母親や妹の不二子は、二一日間、高津《たかつ》署に留め置かれた。哲太郎の弟たちは、それぞれ中原署から転々とたらい回しにされ、最

表2　戦犯の逮捕指令と実情

逮捕指令	1674人
うち死亡	24人
削除	12人
要逮捕	1627人
うち収容済み	1172人
未逮捕	454人
未逮捕　内訳	
未帰還	89人
病気延期	17人
該当者不明	286人
所在不明あるいは逃亡者	62人

後は警視庁まで連れて行かれている。哲太郎を逮捕するために、家族全員を取り調べ拘留したのである。不二子は、こうした警察の捜査に、なぜ、日本の警察にこのような扱いを受けなければならないのか、絶対に納得できないと、腹立たしい思いを今に残している（加藤哲太郎『私は貝になりたい』春秋社、一九九四年）。

加藤哲太郎は、一九四八年一一月九日に逮捕された。シュナイダー少佐はいらだっていたようだが、警察は執拗《しつよう》に容疑者を追いかけていたのである。

経済的制裁

連合国軍最高司令官総司令部は「経済的な制裁」も行っている。一九四六年二月一日、軍人恩給は傷病《しょうびょう》恩給を除いて全面停止された。戦犯指名を受けた者に対しては、それ以前の一九四五年一一月二四日に、恩給、扶助料《ふじょりょう》などの諸給与の差し止めを指令していた。さらに四六年四月二三日には、総司令部は、容疑者として逮捕、拘禁、抑留され、あるいは今後検挙収容される者の財産は、通貨、預貯金そのほか総《すべ》ての動産・不動産を封鎖し、差し押さえることを指令している。これが解除されるのは無罪判決の場合である（「恩給法ノ特例ニ関スル件」昭和二一年勅令第六八号、「特定財産管理令」勅令第二八六号）。

若い加藤哲太郎や第一次逮捕の「大物」などの場合、それほど家族の生活を心配する必要もなかっただろう。だが、ＢＣ級の多くは、生活の責任を持たなければならない家族を残している。軍人恩給が停止されたことはともかく、個人の貯金も不動産もすべて封鎖されたのである。先の沼尻茂は、四六歳で応召した将校だが、戦犯となって預金が封鎖されたことで、残された家族が困ったと書いている。戦犯という精神的な衝撃とともに、この経済制裁が、戦犯とその家族を苦しめた。預貯金のある者は封鎖に苦しんでいるが、貧しい家庭では、戦後、留守宅送金がなくなったうえに、働き手も戻ってこない。わずかな蓄えがあったとしても封鎖されている。生活がたちゆかなくなった。妻や子供が苦しい生活を強いられていた。

一九四九年、海外で勾留されている戦犯の家族が、連合国軍最高司令官宛に「外地戦犯者内地服役嘆願書」を提出している。宮城県、福島県、山形県、岩手県、青森県、秋田県など東北各県の戦犯の家族が提出した嘆願書である。和紙に達筆な毛筆で綴ったものから年老いた母親が粗悪なわら半紙に慣れない字を一字一字書きとめたものまでさまざまだが、雛形《ひながた》があったのか、内容はほぼ統一されている。はじめに、ミッションスクールの東北学院で学んだとか、信仰が厚いなど、戦犯の宗教や信仰について触れている。続いて年老いた両親、幼い子供たちなど家族の窮状を訴えた文章が続く。子供三人との生活を支える妻は「嵐にもまれる木の葉の如くかろうじて生きてまえ《（ママ）》りました。今後、何年かこの様な生活がつゝくことを思ふ時全く生きぬこうと云ふ気が無くなつてしまいます」と書いている。このままでは子供の進学もできない。それぞれの家族の切迫した状況が切々と綴《つづ》られている。これだけだとほかの嘆願書と同じだが、このあとに一様に「内地服役」を許されても「経済的に益する所は無いのであります」と、「内地服役」の嘆願が経済的な利益ではなく、精神的な問題であることを強調している。この一文は、総司令部の経済制裁を意識して付されたのではないかと思われる。嘆願書は英訳され総司令部に提出されている。（RG 331, Box 1392　アメリカ国立公文書館）。

　この経済制裁は、戦犯の家族の暮らしを追いつめた。これがＢＣ級戦争裁判への拒否感、不当感をさらに強めたのではないだろうか。

人道にたいする罪

問われた捕虜の扱い

ポツダム宣言には「捕虜を虐待《ぎゃくたい》した者」を厳しく裁くと書かれていた。「虐待」とは何か。生体《せいたい》解剖やB29搭乗員の裁判なしの刺殺、斬首《ざんしゅ》などは疑問の余地はない。鉄道や道路の建設、炭坑、工場、港湾苛役などの強制労働、捕虜収容所の待遇が「虐待」になるのか、日本と連合国との解釈には、大きな隔《へだ》たりがあった。

泰緬《たいめん》鉄道の建設現場はその一つの典型である。「死の鉄路」と酷評された泰緬鉄道は、タイ―ビルマ間のおよそ四一五キロに敷設された鉄道である。建設には捕虜とアジア人労働者が使われた。最大時には泰俘虜収容所だけでも、四万九七六六人もの捕虜が労働にかかり出されている。補給の体制も、野戦病院もできないうちに熱帯のジャングルに送りこまれた。しかも例年より一ヵ月早く雨期が始まった。国境地帯まで入った部隊に食糧が届かなかった。このままでは全滅すると、食糧が確保できるところまで無断で撤退した鉄道小隊もあった。「骸骨《がいこつ》が靴をはいている」と称される状態まで追い込まれたのである。驚異的な早さで鉄道は敷設され、日本から運ばれた蒸気機関車も走った。だが、捕虜の死亡は七七四六人にも達した（俘虜情報局発表。一般には一万二〇〇〇人以上といわれている）。これにアジア人労働者の死者を含めると、数万人の犠牲者が出ている。アジア人労働者については今もその正確な死亡者数はわかっていない。

捕虜は飢餓《きが》と労働だけでなく、コレラ、アメーバー赤痢《せきり》、傷口から肉が腐っていく熱帯性潰瘍《かいよう》などにも苦しんだ。——薬や医療器械があれば治せる病気だったが、「とにかく何にもモノがなかった」（阿部宏鉄道第五連隊小隊長の証言）。病気になれば隔離されて死を待つしかない。病院という名の隔離小屋で働いていたトム・モリスは、感情を押さえた声で語った。

小屋の真ん中に置かれた「かみなり箱」、われわれはそう呼んでいましたが、トイレです。そこまで這《は》って行く捕虜、寝ている竹の簀《す》の子《こ》うえで垂れ流す捕虜、コレラやアメーバー赤痢の糞尿の臭いが、小屋に充満して耐《た》え難《がた》いほどだった。捕虜たちは苦痛にゆがむ顔を私の方に向けて、救いを求める。その眼差《まなざ》しがどうしても忘れられない。そうやってかれらは死んでいったんです。

雲が低く下りてくる雨期のジャングルに、排泄物《はいせつぶつ》の臭い、遺体を焼く臭い、それに熱帯性潰瘍の腐った肉の臭いが重なった。あの臭いだけはどうしても伝えられないと、トムは言う。熱帯性潰瘍の治療は、腐った肉をかき出す以外に方法がなかった。軍医が先がフォークのようになったスプーンでそれをかきだす。激痛が走るが麻酔《ますい》もない。軍医の姿を見ただけで捕虜が絶叫する。人間らしい死に方さえ許されなかった捕虜たちのことを考えると、どうしても日本人を許せなかった。トムは長く閉じこめてきた記憶を、歴史学者の手を借りて語った。泰緬鉄道の記憶から解き放たれたのは一九八〇年代である（一九九一年八月二〇―二二日オーストラリア、キャンベラ「泰緬鉄道に関する国際会議」、およびインタビュー）。

南スマトラ横断鉄道の建設、スマトラ縦断の軍用道路の建設、インドネシア東部の島々の飛行場の設営、こうした作戦に必要なインフラ整備にも捕虜が動員された。どこの現場でも医薬品も食糧も不足していた。

国内の炭坑や鉱山や工場には、シンガポールやフィリピンで捕虜になったアメリカ人やイギリス人の兵士が運ばれてきた。船倉《せんそう》の蚕棚《かいこだな》に押し込められ、横になるスペースもなかった。「労働条件は日本人と同じだった」……捕虜収容所や工場の担当者は、捕虜だけを酷使したのではないと言う。だが、その「同じ」が捕虜には「同じ」ではない。肉もバターもミルクもパンもない。体格のよい捕虜に、日本兵でも腹が減るような量しか支給していない。しかも、賃金は払っているが、酒保（兵営内にある唯一の売店）には物がない。販売量を制限していた。煙草もたまにしか手に入らない。あまりにも低い生活水準……。戦争末期には「われわれは餓死寸前だ」と、トイレに落書きする状態だった。耐えられない捕虜が、食糧を盗んだり、逃亡して処罰されたりした。

いくら人手があっても足りない工場、炭坑、鉱山、港湾に、捕虜を供給するのが捕虜収容所の仕事だった。国際法規の以前に、逼迫《ひっぱく》する戦局、「戦陣訓」をたたき込まれ、捕虜になることを戒《いまし》められていた軍人や監視員たちの「精神」があった。捕虜に親切にする者も少なくなかったが、「制度」として、国際法規に則《のっと》った捕虜の扱いはできていなかった。福岡俘虜収容所本所の副官渡嘉敷唯昌《とかしきいしょう》のように、配布された法規集を読み込んで待遇を考えていた将校もいたが、その数は少ない。中には見回りの本所長から捕虜の扱いが甘いと叱責《しっせき》されたところもあった。日々、捕虜と接する収容所は、捕虜を軽蔑する日本の風土や「無為徒食《むいとしょく》をさせない」という軍と政府の方針と、生身《なまみ》の捕虜との狭間《はざま》に立たされて、苦闘していた。時には捕虜の側にたって処遇の改善に努力したり、軍や企業の要求をはねつけたりしているが、捕虜たちにはそうした苦労は見えない。押しつけられた結果だけが捕虜にとってのすべてである。捕虜になった約三〇万人のうち「白人捕虜」と分類された一六万七九三〇人が収容され、こうした労働に使われた。死者は三万八一三五人を数えている（俘虜情報局『俘虜取扱の記録』一九五五年、防衛庁防衛研究所）。

東京裁判の判決では、アメリカとイギリス連邦の捕虜一三万二一三四人のうち三万五七五六人が死亡と言及されている。死亡率は二七％にのぼった。ポツダム宣言の第一〇項は、こうした事実に裏付けられていた。

一九四五年八月二一日、田村浩俘虜管理部長から各捕虜収容所長にあてて、八月二四日の一八時までに、収容所の位置に二〇フィートのＰＷ（prisoner of war）の文字を黒字に黄色抜きで描き、南より北に向かって読むように表示すること、連合国軍部隊が八月二五日六時を期して偵察飛行を行い、給養品の投下を行うことが通牒された。アメリカは、捕虜が餓死《がし》の危機に瀕《ひん》している情報をつかんでいた。フィリピンで収容所を解放して、その惨状《さんじょう》を目撃していた。その衝撃がアメリカ軍に危機感を募らせた。アメリカ軍は日本の占領に先だって、PWの文字をめがけて物資や医薬品を、つぎつぎと投下した。長崎県香焼《こうやぎ》島ではー度に一〇箱ぐらいの木箱を投下していたのを目撃した人がいる。中にはこの木箱にあたって怪我をした日本人もいた（俘虜管理部「俘虜収容所ノ標識ニ関スル件」一九四五年八月二一日、『俘虜関係書類』国立公文書館）。

連合国の戦争犯罪調査

連合国は、俘虜情報局や国際赤十字委員会を通して、捕虜の情報を収集してきただけでなく、逃亡した捕虜や住民からも情報も集めていた。空撮によって収容所の場所も把握していた。敗戦後は、解放された捕虜一人一人を面接調査し、さらに「質問票」も配布して、くわしい体験や見聞を書かせている。虐待の事実を具体的に掌握していた。

ドイツや日本の戦争犯罪をどう裁くのか、連合国は戦争中から検討し、調査をすすめている。一九四二年一月一三日、ロンドンでヨーロッパ九ヵ国が参加する「歴史的な会議」が開かれた。ここで採択された「セント・ジェームス宮殿における宣言」には、占領地で一般市民に行った暴行は政治犯罪であること、裁判による犯罪者の処罰を主要な戦争目的に入れること、犯罪に責任がある者に対しては、国籍がいずれであっても捜索し、裁判に付して判決を下すこと、その判決を執行することなどが、盛り込まれている。中華民国政府もこの原則を受諾している（法務大臣官房司法法制調査部編『戦争犯罪裁判関係法令集　第一巻』一九六三年）。

一九四三年一〇月三〇日には、「ルーズベルト大統領、チャーチル首相及びスターリン首相により署名された残虐行為に関する声明書」と題する「モスクワ宣言」が発表された。ナチスの残虐行為を念頭に置いた宣言である。一〇月二〇日、ロンドンで開かれていた連合国の外交団会議で、連合国戦争犯罪委員会（The United Nations War Crimes Commission：UNWCC）の設置が合意されている。委員会は一七ヵ国（中国、オーストラリア、アメリカ、ニュージーランド、インドなど）によって構成されていた。第一回の会合は、一九四四年一月に開かれているが、五月には中国大使の提案で重慶《じゅうけい》に「極東分科委員会」の設置が決議された。一一月の第一回分科会で、戦争犯罪の証拠資料の収集、各国戦争犯罪人名簿の調製などを決めている。日本人戦犯リストの作成が始まった。

こうしたなかで一一月一五日、アメリカは陸戦法規の改正を行っている。命令を受けた行動でも、部下は不法な行為の責任はまぬがれず、単に情状《じょうじょう》酌量《しゃくりょう》をすることができるとの改正である。イギリスも同じような改正をしている。上官の命令であっても、不法な

表3　（BC級）戦争犯罪裁判結果表

裁判国／区分	件数	人員	裁判結果 死刑	無期	有期	無罪	その他	備考
アメリカ	四五六	一、四五三	一四三（三）	一六二（二）	八七一	一八八	八九	死刑中（三）は判決確定後無期刑に減刑され無期刑中（二）は有期刑に減刑された数を示す。その他は起訴取下、公訴棄却、裁判中止、判決不承認等である。
イギリス	三三〇	九七八	二二三	五四	五〇二	一一六	八三	その他は起訴取下、公訴棄却、判決不承認等である。
オーストラリア	二九四	九四九	一五三	三八	四五五	二六七	三六	その他は逮捕令取消、起訴取下、公訴棄却、判決不承認又は病気のため帰国承認等である。

オランダ	四四八	一、〇三八	二三六（一〇）	二八（一）	七〇五	五五	一四	死刑中（一〇）は判決確定後無期刑又は有期刑に減刑され無期刑中（一）は有期刑に減刑された数を示す。その他は逃亡、公訴棄却、死亡、結果不明又は高等法院に於て未審理のまま病気のため内地帰還等である。
フランス	三九	二三〇	六三（三七）	三三（四）	二三（三）	三一	一	死刑中（三七）無期刑中（四）有期刑中（三）は何れも未逮捕のため欠席裁判があった数を示す。その他は結果不明のものである。
フィリピン	七二	一六九	一七	八七	二七	二	二七	その他は公訴棄却、審判停止、判決不承認等である。
中華民国	六〇五	八八三	一四九	八三	二七二	三五〇	二九	その他は未逮捕、不受理、起訴撤回、逃亡、審判停止、結果不明等である。
計	二、二四四	五、七〇〇	九八四	四七五	二、九四四	一、〇六八	二七九	

注　本表作成に当り、アメリカ、イギリス、オーストラリア、フィリピン各国の判決絞首刑及び銃殺刑は死刑とし終身刑は無期刑として計上した。

出典　法務大臣官房司法法制調査部『戦争犯罪裁判概史要』一九七三年

表4（B・C級）戦争犯罪裁判起訴事実調査表

区分＼裁判国	件数	人員	殺人			捕虜		抑留者		非戦闘員			残虐行為その他犯罪許容高度
			捕虜	抑留者	非戦闘員	虐待	虐待致死	虐待	虐待致死	不法逮捕拘禁	虐待	虐待致死	
アメリカ	四五六	一、四五三	五三三		三一三	七一八	三一七	四	一		一二五	一九	二
イギリス	三三〇	九七八	五九		二四九	二七四	二二一	一一	六	八	四九七	三六〇	
オーストラリア	二九四	九四九	三九八	六	二一	三六〇	九九	四九	四		四九	三四	
オランダ	四四八	一、〇三八	二四		二八七	一四六	六一	九二	三		五七三	三八三	
フランス	三九	二三〇	二六		一九	九三	三三	二	二	一	一七〇	四六	
フィリピン	七二	一六九	八	一	一三四	六	二	一	一	三	九二	四	二
中華民国	六〇五	八八三	三四		二七九	二二		二		三四	三一九	八一	
計	二、二四四	五、七〇〇	一、〇八二	七	一、三〇二	一、六二八	七三三	一六二	四五	三四五	一、三三五（ママ）	九二七	四

捕虜に対する救恤品の横領	六七	二		一			一	七一
財物掠取	六一		六	七	三	一八	一八六	二八一
財物破壊又は焼燬	三二			一〇		二三	七九	一四四
強姦	三五	一	一	一〇	二	四五	四九	一四三
売春強制	一			三〇			三	三四
婦女誘拐		一					一	二
侮辱行為	九			七			三	一九
死体遺棄又は損壊冒瀆	三〇		三〇	五三			一九	一三二
埋葬懈怠又は名誉ある埋葬妨害	五九					一		六〇
人肉喫食			一四			一五		二九
強制徴兵							一	一
労工強制徴用							一八	一八
労務強制			二			三	二〇	二五
作戦に直接関係を有する軍事作業強制	一四	六	八	二	五	一	三	三九
休戦協定違反				三	一			三

不法軍法会議処刑			二				二	三
反仏煽動又は助長					三			三
終戦後中国人に武器又は軍需品供与							三	三
その他	九七	一	五		一〇	三	一九	三四

注　本表の虐待とは、暴行、拷問、傷害（中国の所謂酷刑）、食糧又は医療の拒否、給与懈怠等精神的苦痛を与えたこと等を呼称する。
出典　前掲『戦争犯罪裁判概史要』より作成。

行動は情状酌量されることはあっても、責任はまぬがれないのである。日本軍の兵士が聞いたら驚くような改正である。上官の命令を「朕《ちん》の命令」と称して、絶対的な服従を強《し》いて、規律を維持してきた日本軍で、下級兵士の責任がどこまで問えるのだろうか。権限がないところに責任だけがのしかかる。「命令だった」という言い訳は通らない。一九四五年七月には「戦争犯罪人リスト」ができあがっている。戦時国際法規に違反した殺害、掠奪《りゃくだつ》、強姦の実行者、部隊責任者などのリストである。

降伏が目前にせまった一九四五年八月八日には、米英仏ソの四国は、「欧州枢軸《すうじく》諸国の重要戦争犯罪人の訴追及び処罰に関する協定」（ロンドン協定）を締結している。国際軍事裁判所を設立して戦争犯罪人を裁くとの協定である。「平和にたいする罪」「戦争犯罪」「人道にたいする罪」の個人責任が追及されることになった。「平和にたいする罪」と「人道にたいする罪」はあたらしくもうけられた「事後法」である。だが、ナチスの戦争犯罪はこれまでの「通例の戦争犯罪」では、裁ききれないほど深刻なものと考えられた。そのために、あらたに設けられた概念である。八月の「連合国戦争犯罪委員会極東・太平洋小委員会」(The United Nations War Crimes Commission Far Eastern and Pacific Sub-Commission)でも、戦争犯罪の性格を詳しく説明する文書が作成された。そこでは日本軍の残虐行為は、慎重に計画され、組織的に行われたものであると、指摘されている。強姦、拷問《ごうもん》、掠奪などの犯罪的計画を立案したり、参加した者は、責任を負うこと、戦場の責任者はもちろん、立案した東京の中央の責任者にも責任があったとの解釈である。

戦争法規に違反する行動は、命令した者も実行した者も責任が追及されることになったのである。

BC級裁判とアジア

アジア太平洋戦争の主戦場はアジアだったが、日本が戦ったのはアメリカやイギリスなど連合国である。日本軍の武装解除は、連合国軍によって行われた。戦争裁判もまた、植民地を再占領した連合国軍が行っている。占

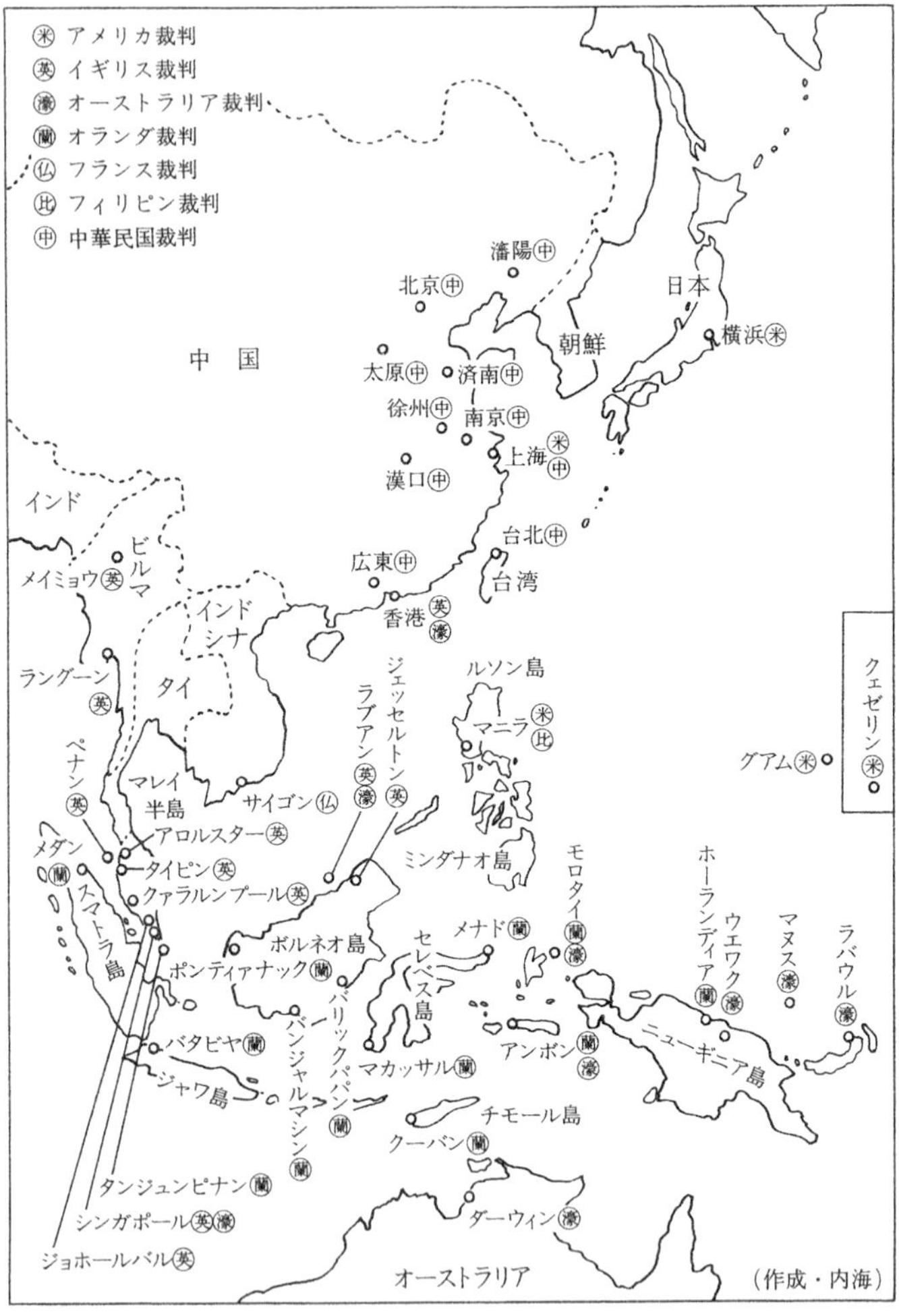

図4　BC級戦争犯罪裁判地略図

注1　この図には中華人民共和国，ソ連による戦争裁判は含まれていない。
注2　裁判地名は，当時の旧地名をそのまま使用した。
注3　アンボンのオーストラリア裁判は，のちにモロタイへ移動。
出典　東京裁判研究会編『東京裁判ハンドブック』青木書店，1989年

領で被害を受けたアジアは、中華民国、そしてアメリカのマニラ法廷を引き継いだフィリピンが裁判を行っている。中華人民共和国は独自に裁判を行っている。

BC級裁判は、国内ではアメリカ軍第八軍による横浜法廷のみである。残る法廷は、かつて日本軍が占領していた「大東亜共栄圏《だいとうあきょうえいけん》」で開かれている。法廷数は四六ヵ所。日本軍の敗北、連合国の再占領という権力の移行の間隙《かんげき》をぬって、アジアでは独立への動きが活発になっていた。

独立戦争が戦争裁判にも影響を及ぼした。ビルマやフィリピンでは、日本に後押しされた独立が否定されていた。ベニグノ・アキノのようにかつての政府の要人が、戦犯容疑者としてスガモに勾留されていた。インドネシアでは独立闘争が始まっていた。オランダは、戦争裁判を開くまえに、「ムルデカ」(独立)に立ち上がったインドネシア軍との闘いが焦眉《しょうび》の課題となっていた。脱走した日本兵も独立戦争に加わっていた。インドネシア軍は、日本軍から奪い、あるいは供与された武器を手に闘った。だが、近代兵器で武装し、東南アジア連合軍に後押しされた蘭領印度《ランりょうインド》軍は、つぎつぎと占領地域を拡大していった。その空間でオランダは法廷を開いたのである。一九四六年八月からバタビア(現在のジャカルタ)で法廷が開始されたが、二〇〇キロも離れていない山岳地帯ではゲリラ闘争が続いていた。裁判は砲撃の音と平行して進行していた。インドネシア軍に協力した日本兵一二人が「休戦協定違反」で裁かれている。

フランス裁判でも一人が「休戦協定違反」で裁かれた。ベトナムは一九四五年九月二日に独立を宣言したが、フランスが九月二三日には植民地主権の復活を宣言している。フランスもまた、独立運動を弾圧する中で法廷を開いている。権力の空白期をとらえたアジアの独立への胎動を弾圧する中で、戦争裁判が進行していった。

イギリスは宗主国の威信をかけて日本軍による、住民への戦争犯罪を裁いた。シンガポールの華人大虐殺、マレー各地で起こった住民虐殺、抗日ゲリラへの弾圧など、捕虜虐待とともに、住民への戦争犯罪が裁かれた。シンガポールやマレイ半島では日本軍への怨《えん》嗟《さ》の声が溢れていた。時には名前も階級もわからない容疑者を割り出すために、「首実検」も行われた。容疑者たちを住民や捕虜の前を歩かせて、犯人を摘発するやり方である。

インドネシアのタニンバル諸島ララット島で憲兵をしていた松浦猪佐次《いさじ》も首実検を受けている。すぐ南にオーストラリアをひかえるララット島には部隊も駐屯《ちゅうとん》していたが、憲兵六、七人で島の治安にあたっていた。インドネシア人兵補（補助兵力として日本軍に雇用されたインドネシア人兵士）が日本軍を襲撃する陰謀があるとの情報が入り、これを摘発した。これが戦犯にひっかかった。裁判はアンボン島で行われたが、駐屯していたララット島に「顔見せ」として送られた。船で一昼夜以上もかかる小さな島である。手足を鎖につながれて住民の前に引き出された。長く島にいた松浦を知っている島民も多い。顔見知りの子供やおじいさんなどがいたが、彼らは何も言わなかった。結局、兵補の事件以外、告訴がなかったので死刑を免れたという（一九七八年十一月七日インタビュー）。

蘭領東印度では、戦犯容疑者を松浦のように手足を鎖に繋ぎ、さらに複数の人間を一つの鎖に繋いで移動させていた。一番困ったのがトイレだった。しかも、この手錠は鉄板を折り曲げただけのもので、肉に食い込む。「それが痛くてねー」と朝鮮人軍属が語っていた。心理的な屈辱はもちろん肉体的な苦痛もひどかった。時には、甲板《かんぱん》で熱帯のじりじりと焼けつくような日の光にさらされての航海だった。私も一九八〇年代にスラウェシ島のマカッサルからアンボン島へ船旅をしたことがある。波の静かな海で、冷房のきいた船室に陣取っているぶんには気持ちのいい航海ができるだろう。だが、物資の輸送を目的とした木造船にはそんな設備はなかった。そのうえ、八月のバンダ海は「未亡人をつくる」といわれるほど波が荒い。大海にもまれる船旅は、沈没の恐怖と船酔いでただただマグロのように転がっているだけだった。この海を、捕虜が日よけもなく満載されて運ばれた。戦

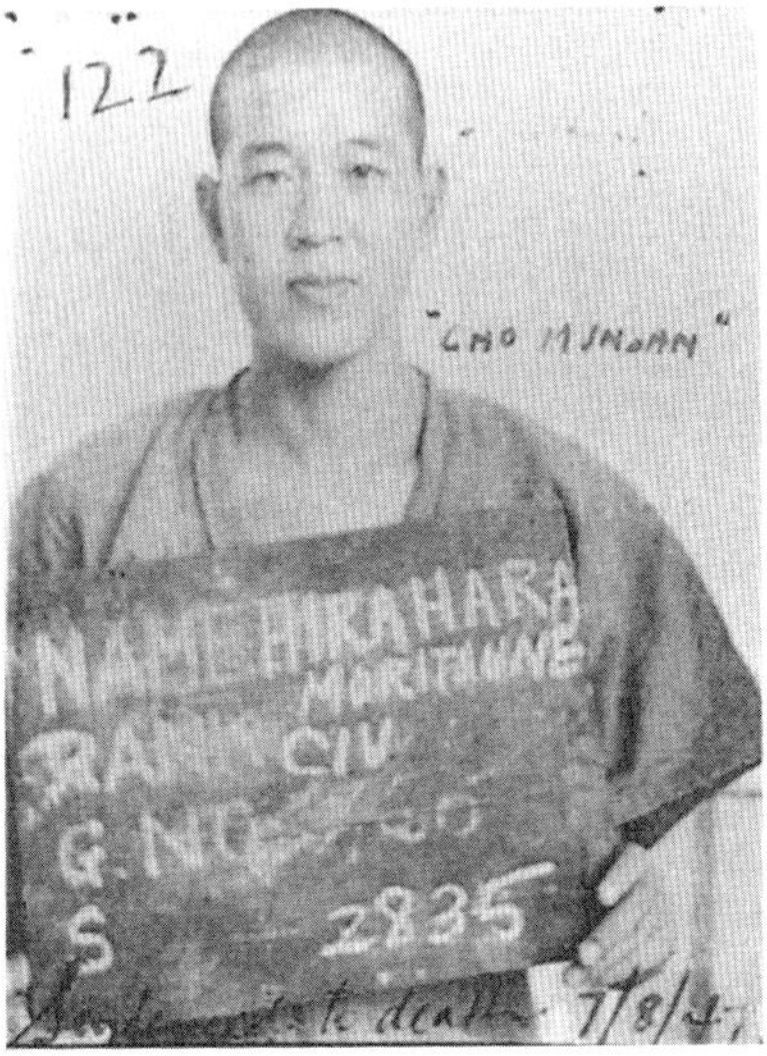

図5　シンガポール・チャンギー刑務所で刑死した泰俘虜収容所の監視員だった趙文相

後は、戦犯容疑者たちが鎖につながれて航海している。その苦痛は察するにあまりある。

二七％に及ぶ捕虜の死亡は、誰に責任があるのか、日本軍の政策だけでなく、虐待にかかわった個人の責任が追及されている。泰緬《たいめん》鉄道にいたオーストラリアの元軍医W・ダンロップは、監視にあたっていた朝鮮人軍属李鶴来《イハンネ》を告発したが、その気持ちをこう語っている。

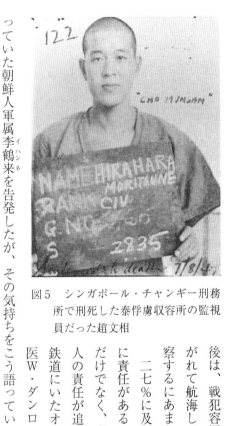

これだけはわかってください。死や飢え、苛酷《かこく》な労働や病気といった悲惨な状況に、さらに追い打ちをかける人間に対しては憎しみ以外の感情はどうしてももてないのです。戦争直後、憎しみに満ちあふれていた人びとにとって、正しい判断を下すことは無理だったのです。（「趙文相《チョムンサン》の遺書」NHKスペシャル・一九九一年八月一五日）

身を挺《てい》して捕虜をたすけたダンロップは、憎しみの感情以外もてなかったという。問題は、誰が憎しみの対象になったかである。ダンロップの場合は、労働に出す捕虜の数で激しくやり合った李鶴来がその一人だった。日本軍の最末端にいる軍属にすぎない李鶴来だが、捕虜の側からは目の前の「権力」だった。

三〇日間に一〇〇人を扱ったというオーストラリア裁判の検事J・ウィリアムズはつぎのように語っている。

戦犯裁判において捕虜は告訴する日本人の名前をわからずただニックネームやあだ名で見分けていただけです。それでは戦犯の決め手とはならないのです。戦犯として裁かれた人は単なる偶然として裁かれたに過ぎません。形だけという人もいるが、しかし、裁判を開く以外に、どんな方法があったのでしょうか。各地で投降する日本兵を住民が撃ち殺すままにしておけば良かったのですか、どうすれば良かったのですか。（前掲「趙文相《チョムンサン》の遺書」）

李鶴来もあだ名と日本名で告発されている。日々顔を合わせていた捕虜たちの告発であり、偶然ではない。だが、権限のない軍属がどこまで責任を取るべきなのだろうか。李鶴来は死刑判決だった。J・ウィリアムズ検事は、裁判に限界があったことを率直に語っている。だが、同時に、放っておけば投降してくる日本兵を撃ち殺すほど、住民が激しい怒りをもっていたことも語っている。戦争裁判を開くことで、住民の怒りを押さえたというのである。マレーシアにおける日本軍の戦争犯罪を調べている林博史も同じような指摘をしている。裁判は、アジアの被害者の報復を押さえる役割も果たしていたのである（『世界』二〇〇三年二月号）。

戦争裁判は、裁かれた者が納得できなかっただけでなく、報復を押さえられた住民にも怒りや恨みを残していた。

連合国が逮捕した容疑者は、二万五〇〇〇人以上に及ぶといわれるが、正確な数はつかめていない。表3にあるように起訴され、軍事法廷にたった者は五七〇〇人、死刑判決が九八四人、うち九二〇人が執行された。無期刑が四七五人、有期刑が二九四四人、無罪は一〇一八人、その他二七九人となっている（この数字には、中華人民共和国やソビエト連邦の裁判は含まれていない）。このほかに、準A級裁判ともいうべき「丸の内裁判」（連合艦隊司令長官豊田副武《そえむ》海軍大将、俘虜《ふりよ》情報局長官兼俘虜管理部長田村浩陸軍中将の裁判）がある。BC級の区別には含まれないが、東京裁判でもない裁判である。ここで田村浩は重労働八年の刑になっている（法務大臣官房司法法制調査部『戦争犯罪裁判概史要』一九七三年）。

「首実検」、捕虜からのあだ名による告発、名指しの告発など、戦犯容疑者として指名された方法はさまざまである。起訴されなかった者も長い未決拘留が続いた。シンガポールのチャンギー刑務所では、容疑者が報復の的にされた。酔った兵士の殴り込みでサンドバックのように殴られた人もいたが、イギリス当局による計画的な食糧のコントロールによる飢餓が、もっと苦しかった。泰緬鉄道で捕虜の輸送主任だった大門幸二郎は、友人の姿に衝撃を受けている。

憎しみの連鎖

獄塀に身を凭《もた》せている大勢の中からやっと樽本《たるもと》大尉を見付け、彼に近づいて行った私は、彼を見て一瞬ギョッーとした。

彼を見ただけで言葉も出ないほど、まるっきり別の世界に住んでいる人間のように感じられた。暫《しばら》く顔を見合わせたまま声も出ない、変わり果てた彼を見て

「オオ」

と手を取り合っただけである。（略）

彼もまた頬《ほお》は落ち、目も窪《くぼ》み、上半身裸体の広い胸も洗濯板のようにアバラ骨が一本一本読めるほど痩《や》せこけていた。彼は私にまず何よりも空腹であることを訴えた。

（略）

「裁判で死刑を宣告され絞首台に上るその日まで、空腹と虐待に苦しめられるのなら、今すぐ喉《のど》に支《つか》えるまで飯を食ってひと思いに殺された方がましだよ」

とつけ加えた。（大門幸二郎『シンガポール第七号軍事法廷』そしえて、一九九〇年）

チャンギーの虐待は名高い。計算された飢餓、その結果が樽本大尉の姿だった。日々、飢えと虐待との闘いで裁判の準備も心構えもできなかった。だが、告発する側の憎しみに呼応するように、アジア各地で軍事法廷が開かれ、次々と判決が下された。シンガポールのオーストラリア法廷で李鶴来は、死刑判決をうけた。しかし、ダンロップが判決にサインしなかったためか、のちに減刑になっている。

戦後五〇年を経て、李鶴来はオーストラリアにダンロップ軍医や捕虜を訪ねる謝罪の旅をしている。「和解」ができたかに見えたが、捕虜たちの心にはわだかまりが残った。トム・ユーレンは、植民地出身として差別されていたとしても、個人の責任は残ると厳しかった。李鶴来は「捕虜たちが憎む気持ちはわかります。許しきれるものではないと思う。それほど捕虜の状態はひどかった。わたしは日本軍の被害者だったが、捕虜にたいしては加害者だったから」と語る（内海愛子、G・マコーマック、H・ネルソン編著『泰緬鉄道と日本の戦争責任』明石書店、一九九四年。二〇〇三年三月一〇日インタビュー）。

今も捕虜たちとの会合を拒む樽本重治《じゅうじ》は、裁判記録も事実とは違うと、克明な泰緬鉄道建設時の記録を書き残している。独房の扉の下から差し込むわずかな灯りを頼りに一字一字書き留めた記録である（樽本重治『ある戦犯の手記』現代史料出版、一九九九年）。未決拘留の時の虐待と一方的な戦争裁判は、裁かれた者に戦争犯罪を認めさせない心の壁を作っている。虐待だけでなく、通訳や弁護士の問題もあった。人種差別もあった。記録からは読みとれない多くの問題をもつ、意を尽くせぬ裁判だった。BC級戦犯の中に裁判への拒否感が生まれている。

通訳と弁護士

軍事裁判を行った九ヵ国はそれぞれ法令によって、戦争犯罪の概念や範囲を決めている。イギリスの場合、一九四五年六月一八日「戦争犯罪裁判に関する英国の法令」によって、「戦争犯罪とは一九三九年九月二日以降のいかなる時期においても行われた戦争に関する諸法規および諸慣例の違反をさす」と規定されている。主要戦争犯罪一四項目には、「国籍のいかんにかかわらず一般市民にたいし、日本国民および日本を支援して行為する者が犯した人道に関する法規に違反する犯罪および残虐行為」も含まれている。裁かれるのは日本人だけではない（「東南アジア連合地上軍戦争犯罪訓令第一号」一九四六年四月、前掲『戦争犯罪裁判関係法令集第一巻』）。

オランダの場合も「戦争中敵国の臣民及び敵に使用されている外国人」による戦争の法規および慣例に違反した行為を、戦争犯罪と規定していた。朝鮮人や台湾人も含まれた。

再審がない軍事法廷で、英米法に習熟した弁護士、原告と被告の言語に通じた通訳を確保できたのだろうか。裁判開始直後の海外の法廷に、日本から弁護士は派遣されていない。裁判を行う国の者が弁護にあたったり、引揚《ひきあげ》を待つ部隊の中から司政官、法務官、その他法学部卒業生などが、臨時に弁護にあたっている場合もある。一九四六年になって、グアム、東南アジア、四七年に蘭領東印度の法廷に、日本から弁護士や通訳や教誨師《きようかいし》を派遣することが許可されている。

シンガポールで敗戦を迎えた池上《いけがみ》本門寺の元貫主《かんじゅ》田中日淳は、教誨師として趙文相などの絞首刑に立ち会っている。卵とはいえ仏教系の学校を出ていた。弁護人はとくに不足していた。裁判ではすぐれた通訳がいるかどうかも大きな鍵を握る。蘭領東印度へ送り出した通訳リストには商業活動や軍政に関係していた人の名前があるが、法律の知識があるのか疑問である。バリックパパン法廷で通訳をした藤田勝は、ジャワでオランダ人の学校を卒業している。蘭領東印度に進出した日本人が法律の知識をもたないことから不利を被《こうむ》っていたので、父親が弁護士にさせようとしたのである。弁護士を目指した藤田は、オランダ語はもちろん法律も理解できる。法律家の中に知り合いもいるという珍しい存在である。バリックパパン法廷の裁判長は、偶然にも藤田の知人だった。事前に必要な情報を入手することもできたという（一九八九年五月二八日インタビュー）。

商社員だった松浦功次郎は、バタビア法廷で検事の取り調べや法廷通訳にあたっていた。民間人として占領を見てきた松浦には、一部憲兵や軍人たちに厳しかった。松浦と戦犯たちの間は必ずしもしっくりいっていなかった。お互いに感情が動く場合も、通訳は難しい（一九七九年二月九日インタビュー）。

香港では、弁護人から検事側の口供書《こうきょうしょ》を渡されたが、一七人の被告にたいして一通しか渡されない。これを回覧するが、いちいち許可を得なければ、隣の部屋に渡すこともできなかった。また、被告の中には英語がわからない者がいて、無断で他の部屋を訪れたのがわかって鉄拳制裁を受けた者がいた（引揚援護庁復員局法務調査部『法務月報』第一七号、一九四九年一月三〇日）。

横浜法廷でも通訳が問題になっている。優秀な通訳が東京裁判に振り向けられていたのである。その東京裁判でもモニターがついている。準備に時間をかけ、宣誓口供書や提出証拠の英訳を提出して進行している法廷でも、『速記録』にはしばしばモニターの訂正が

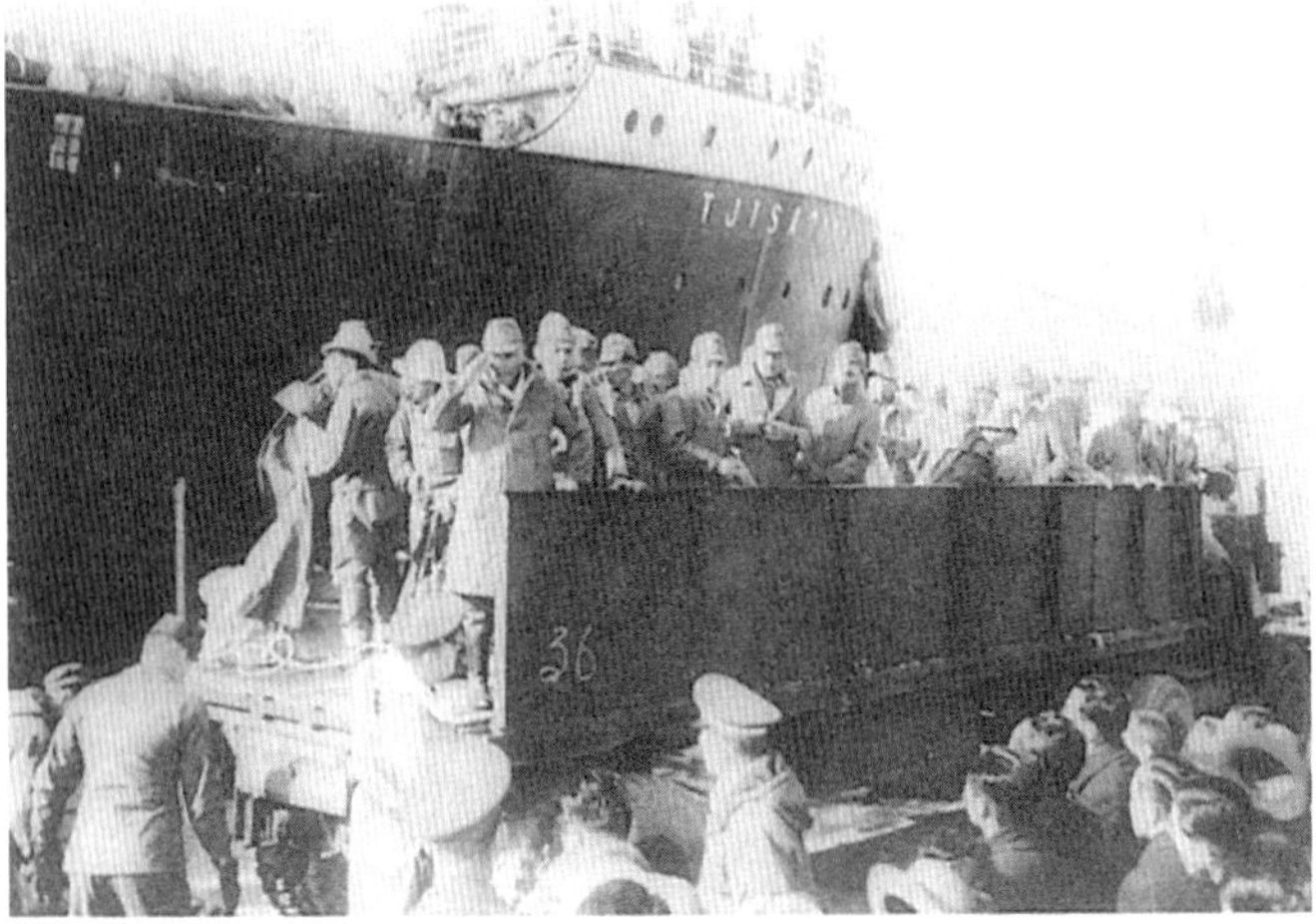

図６　横浜に到着したインドネシアから引きあげてきた戦犯たち
（1950年１月23日撮影，毎日新聞社提供）

入っている。誤訳のチェックである。東《とう》条《じよう》英機《ひでき》が、「通訳がよくわからない」と文句を付けている場面もあった。ダブルチェックで、ようやく通訳が機能したのである。

軍事裁判は一審である。死刑判決には「確認」、有期刑には「承認」の作業があったが、それが終了すれば刑が執行された。有期刑となった戦犯たちは、現地の刑務所で勾留が続いた。フィリピン、オーストラリア関係を除いて、平和条約の調印前に日本へ送還されている。先の家族の「嘆願書」が効を奏したのか、「内地服役」が実現したのである。刑期の残っている者は、横浜港からトラックでスガモプリズンに直行した。

敗戦直後から、総司令部と折衝《せっしょう》を続けてきた終戦連絡中央事務局は、一九四八年二月一日に廃止、かわって総理庁（長官朝海浩一郎《あさかいこういちろう》）に連絡調整中央事務局が設置された。戦犯関係はこの第三部に引き継がれた。四九年六月一日には、この中央事務局も廃止となり、外務省連絡局（局長吉村又三郎）調査課に引き継がれた。五一年一二月一日、連絡局がなくなり、戦犯関係の事務は、外務省国際協力局第四課に引き継がれている。平和条約が発効すると、関係事務は相手国別に関係当課に分けられ、総括業務は大臣官房総務課が担当した。

なお、巣鴨分室は、外務省連絡局巣鴨分室から外務省国際協力局巣鴨分室（一九五一年一二月前半から）へと名称が変更になっている。海外からの戦犯たちが送られたスガモプリズンには、この外務省国際協力局巣鴨分室の職員がいた。

米軍が管理するスガモプリズン

スガモの暮らし

予想外の判決

戦争指導者の中には、布団《ふとん》まで運び込んだ人もいたが、ＢＣ級と呼ばれる人たちは、思いもかけない逮捕指名で不安に押しつぶされそうになりながら、スガモのゲートをくぐった。捕虜収容所に勤務していたある中尉は、一一月の捕虜収容所関係者の逮捕者の中に自分の名前を見つけた。「何かの間違いだろう」と思った。指定された出頭日に、すぐ帰ってくると家族に言い残して、自分からスガモに出向いている。戦犯など夢にも思わなかった。一抹《いちまつ》の不安と間違いではとの思いが交錯《こうさく》するなか、スガモのゲートをくぐった。だが、起訴され、有期刑の判決だった。若き肉体は厳しい労働に耐えることはできても、「なぜ、戦犯に……」その割り切れない思いが、常に心の中に重苦しくのしかかっていた（一九八五年K中尉未刊行手記）。

刑事に護送されて来た容疑者は、巣鴨分室に出頭した後、指紋押捺《おうなつ》、体格検査、写真撮影がすむと、裸に赤紫色のナイト・ガウンを着せられ、消毒室で全身にＤＤＴを吹きかけられた。アメリカ兵の着古したカーキーシャツ、その両腕、背中、両脚の前面に黒々と「Ｐ」印のはいった服を着せられ、紐《ひも》のないお古の靴を穿《は》き、支給された日用品と寝具を担《かつ》いで、指定された棟の部屋に放りこまれるのである。

万歳を三唱した正月の余韻が残る一九四六年一月七日、スガモに衝撃が走った。横浜法廷が由利敬《ゆりけい》（大牟田《おおむた》俘虜収容所長）に死刑判決を下した。四月二六日、スガモで最初の絞首《こうしゅ》刑が執行された。二四時間前に執行が言い渡されるが、花山信勝教誨師《きょうかいし》は由利と並んでそれを聞き、死刑に立ち会った。スガモの「Daily Report」は「以下の者、一九四六年四月二六日刑を執行された」と、由利敬の名前と階級が素っ気なく記載されている。スガモは一名減員して六六九名となった（RG 331, Box 1359　アメリカ公文書館）。

執行を前に、由利は、「お母さんに私の骨だけもオテントウさまに見せてくれとたのんでください」と、花山に依頼している。遺体がどのように扱われるのか知らなかった。花山は、終戦連絡事務局へ聞きに行った。だが、事務局は執行されたことすら知らなかった。

花山は、第八軍アイケルバーガー司令官に手紙を出した。返信には陸軍省の命によって戦犯の遺体を引き渡すことはできない、死体がどう処理されたのか、どこに埋葬されたのかは知らせることはできないとあった（前掲『法務月報』第一七号）。

米軍は戦犯の遺体を秘密裏に処分した。後になってスガモで刑死したA級七人とBC級五三人の遺体すべてが、横浜久保山火葬場で火葬されていたことがわかった。

横浜法廷は、予想したより重い判決をつぎつぎに下していた。未決で拘留されている者は、不安と焦燥《しょうそう》感にかりたてられた。この年だけで、スガモで四人の絞首刑が、執行されている。大本営海軍参謀であった実松《さねまつ》譲《ゆずる》ですら、未決の間、精神的な動揺は大きかった。「精神状態がもっとも不安定となり、妄念、愚痴《ぐち》、憤懣《ふんまん》、希望的観測、取越《とりこ》し苦労などの雑念に終始する」と書いている（実松譲『巣鴨』図書出版社、一九七二年）。

一九四八年一〇月、一一六一人が拘留されていたが、その中に、「民間関係」が一五六人いた（軍属も含む。陸軍関係七八四人、海軍関係二二一人。前掲『法務月報』第一六号）。

参謀すら動揺する未決時代、心身ともに衰弱する者も多く、自殺をはかる者もいた。トイレットペーパーで縄をあんで首を吊った人、鉛筆でのどをついた人もいる。スガモでは食事にフォークを出さず、すべてスプーンだったが、これも自殺防止のためだったようだ。

トイレットペーパーをいくら丈夫に編んでも、それで死ねるとは思えないが、それでも自殺したい精神状態に追い込まれたのである。この人はゴトウドクターだと、後に『すがも新聞』の初代編集長になった真鍋良一《まなべりよういち》は話している。中国の漢口の領事館にいた真鍋は、わりにのんきだったが、人によって受けとめ方が違っていた。多くの自殺予備軍がいたのか、一九四七年二月に、独房の鉄製のドアーが開け放されるようになり、ついで目の粗い金網のドアがとりつけられるようになった。自殺防止のためである。雑居房の中の水洗便所を囲っていたガラス張りの囲いが取り外されたのも、そこで自殺しようとした者がいたためである。一九四八年一〇月、スガモにはまだ二三二人もの未決囚がいた。起訴取り下げになる者がいる一方で、死刑の執行も続いた。スガモから死刑囚棟である五棟が消えるのは、一九五〇年四月七日、石垣島事件の関係者七人の執行の後である。

日々の暮らしと強制労働

東京拘置所は、日本では設備の良い拘置所だったが、米軍が接収し、さらに改装された。炊事場、医療室、作業場、散歩場、浴場など、「国内の公共施設でこれ程に行届いた場所はないと言っても過言ではない」という。冬は、スチーム暖房で適度な温度に調節されていて、寒さを覚えることはない。食事は、東京都の納入するものに米軍の支給品も加わり、一般の配給よりも数等良好で量も適量で、まったく心配ない。一九四八年の正月には、三日間、餅がでた。タバコは一日五本の支給。碁、将棋、トランプも自由にできた。起床五時または六時、夕食五時、就寝は自由、通信は外からは制限がないが、スガモからは週一回一五〇字以内と制限されていた。労働は所内農耕、清掃、地ならし、模様替え、時にはアメリカの軍需品の積み替え作業などあるが、極端な労働はない。このようなスガモ暮らしは、「精神的な苦痛は別として」、本人が健康である限り、ほかにまったく心配は無用であり、「もっとも人道的」で、問題がないと、『法務月報』は報告している（前掲『法務月報』第一六号）。

外の世界では空《す》きっ腹を抱え、寒さに震えていた。食うに心配なく、住むに心配なく、労働もきつくないとなれば、たしかにいいところということになる。しかし、こうした処遇を得るまでの二年近く、既決囚による厳しい労働が続いたのである。一九四七年二月、既決囚の労働が本格化した。寒風吹きすさぶ極寒のころ、A級と六〇歳以上の高齢者、病人以外はすべて就労を命じられた。プリズン周辺や内部の焼け跡整理にかり出された。道路をつくり、米軍の野球場、サッカー場、農園を作り、兵舎や将校用宿舎を建設した。作業に出る戦犯たちは、あのPの文字の入った服を着ていた。このユニホームは四七年六月から着用されたが、この時から私物は一切禁じられた。作業服、下着から靴、靴下まで、当局の支給したものを身につけるようになっていた。

焼け跡の土台壊しは重労働だった。地下数米《メートル》に埋め込まれているコンクリートの頑丈《がんじょう》な土台を崩す難工事である。重いハンマーを振りおろし、石をくだき、運搬する作業が、終日続いた。午前と午後に五分の休憩、昼食の時しか休めない。長い拘禁生活と裁判の疲労とで、体力が落ちていた戦犯たちには、過重な労働だった。猛烈な疲労と空腹が骨身にしみた。監視はきわめて厳格で、戦犯一〇人に一人の監視がついた。作業中ちょっとでも手を休めるとすぐに叱咤《しった》され、怒号が飛んだ。ただ言われるままに働いた。夏には作業の見通しがつくようになったが、その労働は、さらに激しくなった。じりじりと照りつける太陽の下での作業である。気力だけで頑張り、倒れそうな体を引きずりながらの作業が続いた。「こんなことなら死んだ方がよかった」という者さえいたほどである。それでも命じられるままに働き通した。ついにその成果が目に見えるようになった。グランドや農園の形が整ってきたのである。すべての建物などが完成したとき、所長のハーディ大佐は感謝の意を表明した。このとき、自分たちに課せられていた第一の試練が終わった、『すがも新聞』はこう記している。

まじめな働きぶりが、当局の理解と信頼をかちとった。一九四八年には、板橋の旧兵舎まで出張労務が言い渡され、これも半年で命令された作業を終えている。一九四八年六月ごろの作業には、六七五人の収容者のうち五〇〇人余が出ていた。出動率は七五%程度、すでに労働時間は午前三時間半、午後三時間に減っていた。作業の内訳は次のようになっている。

一般作業　一〇〇人、　運動場作り　五〇人、　菜園　五〇人、　清掃　八〇人、　建築・鍛冶　一〇〇人、　裁縫　二〇人、　事務および配食当番　九〇人、　新聞　一五人

この内訳がまた四〇種の作業に分かれている。清掃だけでも地区が九地区に分かれる、麻雀牌作り、下駄作り、名札彫り、ペンキ塗り、床屋、通訳、測量、水道電気の修理といった専門職もあって、労務割り当ては難しかった。所内外の作業も班に分かれて行われ、新設工事やプリズン内の備品や戦犯用品の一部制作や修理までしている。クリスマス・プレゼント用のおもちゃなど占領軍用のものも作れるようになった。一九四九年ごろには半日作業となったのである。引揚援護庁の役人が見たのはこのころの作業報告である。スガモプリズンの自治や自由は、当局の理解や寛容があったことはもちろんだが、戦犯たちのこうした苦しい作業をへてはじめて手にしたことを、『新聞』は強調する。

スガモへの一般の差し入れは、全面的に禁止されていた。当局から、月に一度、便箋《びんせん》（三〇枚またほ五〇枚綴《つづ》りのもの）一冊、鉛筆一、封筒五、マッチ五、石鹸《せっけん》四、歯磨粉《はみがきこ》半袋が支給された。紙は貴重だった。当局のごみ箱から紙屑《かみくず》を拾い、これを水洗いしてシワをのばして使ったり、トイレットペーパーや受けとった手紙の裏を利用したり、およそ字が書けるすべてのものを活用していた。便箋、ノート類の差し入れが許可されるのは四九年四月一一日以降のことである。一九五〇年二月、M・ブラダリック大佐が所長に就任すると、生活は著しく緩和された。食事は日本人の嗜好《しこう》に適するように改善され、娯楽施設や運動場も完備された。戦犯たちが作ったホールでは、映画が上映され、音楽会や演劇が上演された。日常の生活も、民主的な自治制度による運営が、許されるようになった。自分たちで計画して、語学やその他、民主主義体得の教育も開始された。「スガモ学園」（学園長　沼尻茂）の設立である。

新聞、雑誌、本が閲覧できた。図書は上野図書館から借り出した。戦犯たちが「巣鴨大学」と称するほど、読書と議論に時間を使うことができた。講師にも事欠かなかった。ラジオも定期聴取できるし、映画も週一回鑑賞できたというから、プリズンの名前から想像できないような処遇だった。

逃亡していた加藤哲太郎は、絞首刑判決ののち、有期刑に減刑されて、スガモで旺盛《おうせい》な執筆活動をしている。一九四九年からの約四年、スガモでの暮らしは、過去を考え将来を考える場となった、と書いている。

『すがも新聞』と戦犯たちの叫び

『すがも新聞』の発行

スガモの労務担当ビンセント中尉が、新聞の発行を提案した。用紙や必要なものはすべて支給するという。各階から選ばれた一五人が集まったが、新聞編集の経験があるのは二人しかいない。誤って筆禍《ひっか》事件を起こしたとき、誰が責任を取るのかという質問もでて、あまり乗り気ではなかった。ビンセント中尉からは、責任は自分が負うが、「当局の悪口」は書かないでくれ、という条件だった。とりあえず一五人で「すがも新聞社」が発足した。編集主幹に元外交官でドイツ語が堪能な真鍋良一、編集に高橋丹作、星川森次郎をステンシルに決めた。週刊で四ページ、土曜日発行と決まった。記者は一二人、新聞はすべて翻訳されて当局に提出するので、翻訳者六

(く)
苦労した新聞誰れも見てくれず
昭和二十三年の六月初旬からすがも新聞の発行を許されて、囚人の中から新聞委員が出て、各々事務を分担してやっている。約十名の外に、翻訳する為に英語の達者なものが四、五名いる。
種がなくて編集に相当苦労するらしいが、それも特殊の人をのぞいては余り見る人もなく編集者を落胆させる。

図7　「苦労した新聞誰れも見てくれず」（山本正道著『巣鴨句集』亜細亜書房，1997年）

人も決まった。真鍋によると、スガモには英語のうまい人がたくさんおり、彼らが、随時、翻訳にかかわっていた。新聞は所外にも出るので、占領政策に対する批判や、死刑囚やA級戦犯についてはタッチしないように、との注意が加わった。はじめてのスタッフ会議では「主義主張は特にないが、民主主義を根幹とし、左右いずれにも偏せず平和愛好、自由、真理の探求を主な方針とする」ことが決まった（星川森次郎「BC級戦犯と『すがも新聞』秘話」、田村紀雄・志村章子編著『ガリ版文化史』新宿書房、一九八五年）。

創刊号のコラム「監視塔」に「民主主義とは軍隊の悪口をいつて戦前から反戦派だつたといふ顔をすることではない」とある。「戦犯」を侵略戦争のお先棒を担いだ「人類の敵」と談じている世論を念頭においたものだろう。昨日の「軍国主義者」がしたり顔をして民主主義を語る、そうした論調への痛烈な批判である。「監視塔」というコラムは「メイン・ゲイト」や「編輯メモ」と名前を変えていくが、『朝日新聞』の「天声人語」のような位置にある。

論説には、戦後日本の思想状況に言及したものも多い。民主主義、平和、共産主義の文字が頻繁に登場する。敗戦後の社会をみつめ、経済を考え、政治を論じている。だが、読者がまず読むのが、三面の下の方にある「出所」や「減刑」の記事だった。「釈放」「自由」の二文字ほど待ちこがれていたものはなかったのである。

新聞は、米国製タイプ用紙（ステンシル）に、鉛筆で書くよう指示された。先の尖《とが》った鉄筆は凶器と見なされたためか、支給されなかった。創刊号は鉛筆で、二号から八号までは歯ブラシの柄を利用した骨筆《こつぴつ》で、九号以降からは秘かに所内にもちこんだ鉄筆で刻字された。はじめの号の刻字にムラがあるのは、不慣れなことと道具上の問題があった。

「新聞」は、一九四八年六月五日に創刊号を出してから、一九五二年三月二九日、平和条約の発効を前に休刊されるまで、一九三号を数えている。原則として毎週土曜日を発行日としていたが、時には資材不足や印刷機の故障による遅滞があった。

事前検閲

このほかに、一九五一年二月三日、一三七号が刊行されてから、三月一〇日に一三八号が出るまで、約一ヵ月にわたる休刊の時期がある。実際は、この間、幻の一三八号が刊行されている。未完成の一九五一年二月八日付の一三八号である。発刊を準備していた「すがも新聞社」に、突如、当局から即日社員交替の命令が出た。全員解雇である。このため、一三八号は未完成のまま印刷にまわされ、若干の部数を社員に配布した。

外部に出ることのなかった幻の一三八号は、新聞タイトル、小見出し、漫画の箇所だけが白紙となっているだけで、記事はすでに刻字されていた。巻頭論文は、はせがわすすむ「ある『再軍備』について」、その下に啞蟬「比島死刑囚の処刑を聞きて」、三面には、かさやの名でウエー島の「孤島に残された霊」がある。社員交替の原因は、タブーに触れた死刑囚の記事ではないか。

「比島死刑囚の処刑を聞きて」は、新聞で報じられたフィリピンの死刑囚一四人の銃殺刑執行に関連したものである。助命嘆願によって、フィリピン関係の死刑囚七四人が近く

PUBLISHED -AT- SUGAMO PRISON TOKYO・NIPPON
昭和26年2月8日 第138號 週刊・土曜日
ある「再軍備論」について
戦犯收容所めぐり (11)
ホーランジヤ
比島死刑囚の処刑を聞きて

PUBLISHED AT SUGAMO PRISON TOKYO・NIPPON
1951年3月10日 NO 138 週刊 土曜日
THE SUGAMO WEEKLY NEWS
就任に際して
藤井浩
講和條約と戦犯問題
無題
K生
編輯メモ

図８　『すがも新聞』138号

右：幻の1951年２月８日付の138号，左：３月10日付の138号。（『すがも新聞』復刻版第２巻，不二出版より）

日本に送還されるのではないか、本人も家族もこうした希望を抱いていた。突然、一四人の刑が執行された。これを聞いた筆名唖蟬が「衝撃を通り越して寧《むし》ろ憤《いきどお》りさへ覚える」と書いている。ダレス特使が、講和の準備のために日本にくるその時に、死刑が執行された、そのことへの悲憤、戦犯としての思いを述べた記事である。当局は裁判に関係する記事に神経をとがらせていた。

第一三八号が発刊直前に禁止されたように『すがも新聞』には、当局による事前検閲があった。記事は英文にされ、発行前に当局に提出されている。一九四八年の刊行当初は、事前検閲は行われていない。発行されたものを翻訳し当局に提出するだけですんでいた。はじめに申し渡されたように、戦犯裁判に関することを一切書かない、これが唯一の制限だった（真鍋良一「巣鴨獄中新聞編集主幹の手記」『中央公論』一九五二年五月号。一九八五年八月二七日インタビュー）。

『すがも新聞』の翻訳版“The Sugamo Weekly News”は、毎号、アメリカ国務省やGHQに送られるとも言われていたので、「言論の自由は束縛しない」と言いながら、アメリカへの批判や皮肉を書かないようにとの注意も受けていた。この事後検閲が、いつ事前に変わったのか、「後半に及んで」という以外、その日時ははっきりしない。だが、「死刑囚解

すがも新聞

PUBLISHED AT SUGAMO PRISON TOKYO・NIPPON

THE SUGAMO WEEKLY NEWS

昭和26年1月20日 第135號 週刊・土曜日

死刑囚解消特報号

死刑囚解消に際して

生のよろこび

すがも新聞

PUBLISHED AT SUGAMO PRISON TOKYO・NIPPON

THE SUGAMO WEEKLY NEWS

昭和26年1月20日 第135號 週刊・土曜日

死刑囚解消特報号

死刑囚解消に際して

生のよろこび

図9　『すがも新聞』135号

右：検閲により一部白紙となった135号，左：削除前の135号。（『すがも新聞』復刻版第2巻，不二出版より）

消特輯号」の一三五号が、すでに一部白紙で刊行されている。当局の禁忌にふれる記事がどのような内容なのか、削除前の新聞が残されていた。一部白紙版と原版を比べると、削除されたのは「物故者の霊を弔ふ」と、「不幸にも絞首台上に散つた」刑死者への追悼、スガモでの刑死者六〇人の氏名、執行年月日、遺詠《いえい》が書かれていた箇所である。タブーに触れた記事である。

筆者花村耕は、刑死した六〇名が「敗戦の犠牲として悼《いた》ましくも刑場の露と消えた」と書いている。そして、無実であるにもかかわらずシンガポールのチャンギー刑務所で処刑された木村久夫を取り上げ、スガモで刑死した者も、少なくとも主観的には、ほとんど全部が木村と同じようではなかったかと書いている。そして、一九四八年八月二一日に執行された道下政能が「悪いと思わず死に行く私を叱って下さいませ」との悲痛な叫びを漏らしていたことを紹介していた。遺詠を囲んで六〇名の名前が続く。

執行の予感に私物整理しゐたるとき投げ込まれたる母の手紙　故田口泰正

降りしきる稲田《いなだ》の中を通ふらむ吾子《あこ》を思ひつつ遺書かきてをり　故藤中松雄

スガモで起居を共にした者にとっては「暗涙《あんるい》を禁じえない」。この記事が全面削除された。また、巻頭言から次の文章も削除されている。

濫《みだ》りに臆測《おくそく》して悟《さと》りが容易に開かれ得るとなすは刑死者に対して甚《はなは》だしく礼を欠くものと云ふべきである。「従容《しょうよう》として死に就く」と言ふは日本人の死に臨む嗜《たしな》みを表現してゐるのであるが、納得し難《がた》き戦争裁判に於《おい》て死刑を宣告されたものが容易に諦観の境地に達し得るとは信じ難い。

論文の中の戦争裁判を批判したこの部分だけが削除されている。検閲はかなりきめ細く行われていたことを物語る。一三五号は、戦争裁判と死刑というタブーに抵触した。この号は部分削除だったが、一三八号は、新聞社の即日解散、発行禁止である。表向きの理由は、社員は任期六ヵ月をもって満了とすべきであるとのことだった。だが、唐突な解散命令と一三八号の発行禁止という事態から、その理由を額面通りに受け取った者はいない。

一九五一年三月一〇日、新たなスタッフによる新一三八号が刊行された。「再刊」にあたっての挨拶は、先の禁止がそれほど単純な経緯でなかったことをうかがわせる。新スタッフを代表して藤井浩は「私はこゝに累々《るいるい》としてその経緯を物語らうとは思はない。唯《ただ》われわれの尊敬するアダムス中尉から直接指示を受け難航に難航を重ねて、今日やつと帆を上げることが出来たと云ふに止まる」と書いた。

そして「右にも左にも傾かない中庸《ちゅうよう》をえた」新聞という当局の意図の下に再刊するこ

とが明記されている。

発禁版一三八号の巻頭論文を長谷川進の筆名で書いた飯田進によると、発禁は内容が「反米的」だと判断されたためだという（一九八五年五月八日、インタビュー）。

「右にも左にも傾かない中庸な新聞」、当局はこれを要求した。だが、発禁問題が起こった時期は、朝鮮での熾烈《しれつ》な戦争が続いていた。「中庸」ではいられない戦犯たちの切実な叫びがあった。また、海外で「地獄」を生きぬいて、ようやく「内地」送還になった戦犯たちも「中庸」ではいられなかった。所内では「ノーモア・スガモ」「ノーモア・センパン」が主流となり、アメリカへの批判的意見が強くなったのである。

一部白紙での発行はもう一度ある。「講和と戦犯」を論じた一九五一年七月一二日発行の一五七号である。同号三ページの上段が白紙である。原版が入手できないので断定はできないが、講和に関連した裁判批判か、全面釈放に関する記事ではなかったのか。

『すがも新聞』は、三度にわたって当局との間で軋轢《あつれき》があったが、四年近くの間、BC級戦犯者の手で刊行され続けた。米軍当局に身柄を拘禁されている戦犯者たちの新聞であり、事前検閲もあった。その中で、時には大胆に民主主義や共産主義を論じ、戦後ジャーナリズム批判を展開している。戦争協力に口をぬぐって、民主主義の時流に乗る知識人、侵略戦争を煽《あお》ったことなど忘れたかのように、戦犯を批判するジャーナリズム――スガモの筆致には戦後日本の動向に、時には切歯扼腕《せっしやくわん》し、時には暗い怨念《おんねん》にも似た思いが込められている。だが、その表現は押えられている。検閲を意識した執筆である。

一九四八年六月五日、東京裁判はすでに結審していた。同年一一月一二日、判決が下り、東条英機《とうじょうひでき》以下七人に絞首刑が執行されたのは一二月二三日、翌二四日には、岸信介ら一七名の不起訴、釈放が発表された。A級裁判は七人の絞首刑の他に終身禁固刑一六人、有期禁固刑二人、あわせて二五人の判決ですべて終了し、今後、主要戦犯の裁判は行わない旨も発表されている。だが、はじめに申し渡されていたように、『すがも新聞』には、このことはまったく報じられていない。

一九三号までの間、A級戦犯からの寄稿文の掲載はあったが、『新聞』でA級やその裁判に言及したことはほとんどない。BC級の死刑囚についてはタブーを破っても書いた記者たちも、A級については冷淡だった。スガモの中で、両者の間には大きな心理的溝があったようだ。BC級戦犯たちは苛立《いらだ》っていた。怨《うら》みをA級にぶつけたBC級戦犯もいた。A級が優遇されていることへの反感も強かった。「A級の人々を収容してゐる房（これを普通ブルーと称した）に通ずる門のところまで、わざわざ出向いてきて嫌味のありつたけを A 級の人々に怒鳴りちらす B C 級の人々もあつた。その為《ため》A 級の人がその門の遮断を願ひ出る」こともあった（川上悼「巣鴨プリズン報告書」『文芸春秋』一九五五年一一月号）。

B C 級戦犯たちが残した記録には、戦犯という事実をどう受けとめるのか、そのとまどいや苦悩、平和への熱き思いが溢れるものが多くある。「だまされた」、「抗さなかった」、その結果が戦犯という汚名だった。やり場のない怒りや想いを抱きながら、一七〇〇人（一九五〇年六月二五日現在数）もの戦犯が、読書や討論や創作活動に明け暮れていた。麻雀やスポーツも盛んだった。

“ノーモア・スガモ”

スガモは、外界から隔離されているが、社会の動きに鋭敏な触覚を持ち続けている特異な空間である。そこには平和を考え、語る濃密な時間が流れていた。

一九五〇年六月二五日、朝鮮戦争が始まった。衝撃的なニュースに各棟のラジオのまわりには人が集ってきた。コラム「監視塔」は書く。

五年前の今日ラジオの前に泣いた日本人はあの痛恨と悲涙とを忘れ果てたのであらうか。いや、他の人々はいかにもあれ、この五年間敗戦の苦惨を身をもつて味ひ、今日なほ獄裡の人とされてゐるわれわれは決してこれを忘れえない。

スガモは「戦争嫌悪の情」が「最も強烈な筈《はず》」であり、第二の戦犯を生まないために

〝ノーモア・スガモ〟の叫びを、さらに高く叫ばねばならない、「肺腑《はいふ》の底より出づるこの叫びを全日本に轟《とどろ》かせねばならない」と結ぶ（第一一三号）。

「文明」の名、「神」の名において、日本の戦争犯罪を裁いたアメリカが、再び戦争を始めた。今、われわれが拘禁されている意味は何か、所内で騒然とした議論がまきおこった。だが、〝ノーモア・スガモ〟の叫びを外部に伝える手段は限られていた。週一回二五〇字の手紙（一九五〇年七月二五日に字数緩和）も検閲されていた。

沸騰する議論を外に向かって放出することがないまま、「戦争嫌悪」の感情が広まっていった。一方、米軍は朝鮮戦争のためパレット作業を急がせた。パレットは軍需品の輸送、格納などに使用する。重さが四五㌔ほどもある。前線に送る蔬菜《そさい》づくりのため、「水耕農場」での作業もはげしくなった。これも戦犯たちの不満を強くした。軍隊での命令による行為を裁いたアメリカ、今、その命令でやらされているパレット作業、水耕作業もまた、米軍の朝鮮侵略への協力でしかない。そんな鬱々《うつうつ》とした思いが漲《みなぎ》っていた。

些細《ささい》なきっかけで怒りが爆発した。水耕農場行のトラック乗車拒否である。片道一時間余り、調布飛行場につくられた水耕農場へ、毎日、作業に通っていた。その日、いつもの米軍兵士輸送用のトラックの都合がつかなかったのか、競馬輸送用の大きな箱トラックがまわされてきた。それで輸送するという。「おれたちは人間であり、馬ではない」と怒った戦犯たちが、自然発生的に乗車を拒否した。MPがカービン銃をつきつけても誰も動かなかった。「一種の不気味な殺気すら流れ、対決感情が高まった」。結局、米軍側が要求に従わざるをえなかった。スガモプリズンではじめての米軍に対する強い抵抗だった。このことから「不当な要求には断乎とした拒否態度を明確に示すこと」を学んだと、禾晴道《のぎはるみち》は書いている（禾晴道「戦犯抵抗に米軍震撼」『オールネービーI』第三四号、一九八二年八月一五日）。

プリズンに勤務していた米兵一四二人が朝鮮へ転出し、かわって八月から九月にかけて、日本人刑務官が派遣されてきた。管理の権限は米軍が掌握しているが、運営は日本人刑務官の手に移った。鈴木英三郎所長はつぎのような就任の挨拶をしている。

今後、みなさまのお世話を致すのでありますが御覧の通り、私は素養も甚だ乏しく人柄も員《（具）》はつてをらないものであるばかりでなしに私共の立場は全く当局の指示命令の範囲内に於てのみ行動し得るもので、しかもそれに対してはあくまで忠実でなければならないのであります。（『すがも新聞』第一一六号）

日本人同士、管理する者とされる者との「共犯関係」が成立するなかで、当局の指示が形骸化《けいがいか》していく。日本人刑務官が到着した年の一〇月二二日には、スガモの「秋季大運動会」ではじめて「日の丸」が掲揚され、「君が代」が歌われた。それに感激した元参謀はこう記す。

われわれ千数百名が席につきおわるや、会長はおごそかに開会を宣言し、楽団が「君が代」をかなでるなかで大日章旗がかかげられる。一同は起立脱帽して襟《えり》をただし、楽団の演奏にあわせて「君が代は千代に八千代に……」と斉唱する。（略）

四年有余の獄の日暮らしに、初めて高らかにうたう「君が代」、巣鴨に初めてひるがえる「日の丸」、感激の涙にむせんだのは私だけではなかった。

ああ、国破れて山河あらたまり、敗戦の生贄《いけにえ》として獄につながる。今日、数年ぶりかに紺碧《こんぺき》の秋空にひるがえる国旗を仰ぎみつつ声高々にうたう「君が代」、感きわまりていうところを知らず。（実松譲前掲『巣鴨』）

同じ「日の丸」を松浦猪佐次は、どうにもならない嫌悪感で眺めた。「日の丸をみるとやたら憎らしくなって……」と述懐する松浦は、先にも述べたようにラバウル島の事件で戦犯になった元憲兵曹長である。貧しい農家の二男だった松浦は、一九三七年から軍隊暮らしだった。上の学校には行けなかったが、抜擢《ばってき》されて憲兵になった。「日の丸」への嫌悪感は、インドネシアのアンボンで生まれている。香料諸島（モルッカ諸島）の中心地アンボンはオランダが統治に力を入れていた地域である。アンボン人を「黒いオランダ人」と称する日本兵がいたほど、親オランダ感情も強かった。それだけに取締りも厳しかった。反日感情も強かった。戦後、処刑された友人の屍体を埋める松浦たちに、住民から石礫《いしつぶて》が飛んだ。憎しみの言葉が投げつけられた。

「オイ、コラ、キサマ、ナンダ、バカヤロ！」

「ビナタン、マンプス」（けだもの、くたばれ）

「ルカス、マンプス、カム、オラン、ジュガ」（貴様らも早くくたばれ）

「大東亜共栄圏」の幻想を一挙にくつがえす、憎悪に満ちた言葉である。松浦は「東亜解放の聖戦」とは何だったのかを考えさせられた。

蘭領《ランりょう》ニューギニアのホーランディ（現在の西パプアのジャヤプラ）で裁判を受けた服部慎二（飯田進の筆名）もつぎのように書いている。

ぼくたちの収容所の衛兵は、日本軍の捕虜になっていた蘭印軍のインドネシアの兵隊であった。彼らの憎しみにみちみちた眼、彼らの兇暴な鞭《むち》の一打一打に、しかしぼくは、虚構の美名にかざられた日本の戦争目的の実態、天皇の軍隊の本質をまざまざと実感せずにはいられなかった。憎しみのルツボの中にあって、ぼくは日本民族、日本軍隊が、しかしその憎しみに価することを知らねばならなかった。あきらかに、それは戦いに負けたためではなかった。その、いやおうない認識のはじまりとともに、過去のぼくの一切の価値系列もまた、はげしくゆらぎはじめたのである。（服部慎治「護送船から」、飯塚浩二編『あれから七年』所収、光文社、一九五三年）

松浦や服部にとって、この戦争は「アジア解放」の闘いだったはずだ。そのアジア人から投げかけられた憎悪、これまで教えられてきたものが崩れ落ちるような思いだったろう。

オランダは一九四九年一二月、インドネシアに主権を委譲して撤退した。そのため、オランダ関係の戦犯六九三人が日本に送還されてきた。一九五〇年一月二三日、横浜港の大《おお》桟橋《さんばし》に接岸したチサダネ号から降り立った戦犯たちは、トラックでスガモに送られた。敗戦からすでに四年半、遠い熱帯の地で焦躁《しょうそう》と不安な生活を送ってきた彼らのなかには、松浦たちのように「不可避的に考えること、反省すること」を余儀なくされた人も多い。アジアで欧米植民地支配の実態を見ていた者もいた。そして、欧米にかわって占領した自分に、アジア侵略の尖兵《せんぺい》という無惨な姿を見た者もいた。「死のプロコンドール島」から帰った仏軍関係戦犯は、「僕は自己の悲しい宿命に鑑《かんが》み永遠に戦争に参加しない新しい理想国家が力強く誕生することを祈り度《た》い」と記している（「巣鴨の第一夜を迎えて」『すがも新聞』第一〇四号）。

そうした祈りは朝鮮戦争で潰《つい》えた。しかも、いやおうなく戦争に協力させられている。愚直《ぐちょく》ともいえるほど過去を考え続けた松浦の答えは、強烈な「日の丸」への嫌悪だった。『すがも新聞』の筆耕の仕事を担い、休刊になると『喫煙室』と題する個人新聞を発行し、壁新聞をつくって、再軍備に向かう日本政府を批判している。出所後は、印刷所に勤めながら労働運動に専心してきた（一九七八年一一月七日インタビュー）。

なお、秋季運動会の記事には、「日章旗を中心に韓国旗、青天白日旗が翩飜《へんぽん》とはためき」とある（一一四号）。スガモプリズンには朝鮮人・韓国人や台湾人が収容されていた。「韓国人としての私の感想」（第一七二号）が掲載されるまで、紙面に朝鮮人や台湾人戦犯の存在が反映されたことはなかった。朝鮮戦争で心を痛めていた彼らは、戦場の祖国に想いをはせながらも、パレット作りや水耕農場での労働が続いた。その葛藤《かっとう》を分かち合ったのは、「大東亜共栄圏《だいとうあきょうえいけん》」の幻想から解き放たれた松浦や飯田たちだった。

釈放への期待

減刑・仮出所

連合国最高司令官総司令部（GHQ）は、一九五〇年三月七日、すべての戦犯に勾留《こうりゅう》期間の特典を行うとともに、善行特典と仮釈放を行うと発表した（「戦争犯罪人に対する恩典付与」回章第五号）。

勾留の特典（confinement credit）は、戦犯として勾留された全期間を、執行を命じられた刑期に通算するものであり、未決勾留が長かった者には事実上の減刑となる。

善行特典（good time credit）は、プリズンのすべての諸規則を忠実に遵守《じゅんしゅ》し、懲罰を受けたことがないことが証明される場合、刑期が軽減される資格があるという特典である。善行に対して刑期日数が短縮される。五年以上九年以下の場合は、服務日数三〇日にたいしては八日、一〇年以上の場合は、三〇日に対して一〇日の減刑となっている。五年の刑の場合は一年一九日、六年の場合は一年三月五日と細かく計算されている。四〇年の刑では一〇年減刑になる。しかし、終身刑の者が除かれている。

宣誓仮出所（parole）は、刑期の三分の一、終身刑の場合は一五年以上服役した者が、仮出所の審査の対象になる制度である。

宣誓仮出所審査委員会（Board of Parole）が総司令部の中に設置され、この二つの制度を実施している。最高司令官が任命した三人（ヘーゲン、マナガン、グレー・ムレイ）委員会が、審査をおこなっている（RG 331, Box 1392, 1394 アメリカ公文書館）。

刑期一五年以下の者がほとんど仮出所の対象になった。仮出所は、本人の申請による。許可が下りると、宣誓仮出所監視人が任命され、その保護監督下におかれる。保護監督は、法務府外局の中央更正保護委員会が担当した。この委員会は、国内犯の保護観察を扱う組織である。法務総裁は、戦犯を「日本の裁判所においてその刑に相当する刑に処せられた者と同様に取り扱うべきものとす」との見解を示していた。このため「国内犯」と同じように、同委員会が戦犯を担当することになったのである（一九五二年八月一日、中央更正保護委員会が中央更正保護審査会に代わり釈放関係事務〔横溝光暉〕を行った）。

総司令部の宣誓仮出所委員会と日本の中央更正保護委員会の間で、仮出所にあたっての詳細な打ち合わせが行われ、監視人を指名する「特別観察担当者指名手続等要領」が定められた。釈放の時に、委員会の職員がスガモに出向いて、本人を引き取り、特別観察担当者が、仮釈放される者の保護監督を行う。仮釈放された者には、「注意書き」のほかに、総司令部の命令によって、外務省から本人の帰住旅費が渡された。外食券や故郷に戻った

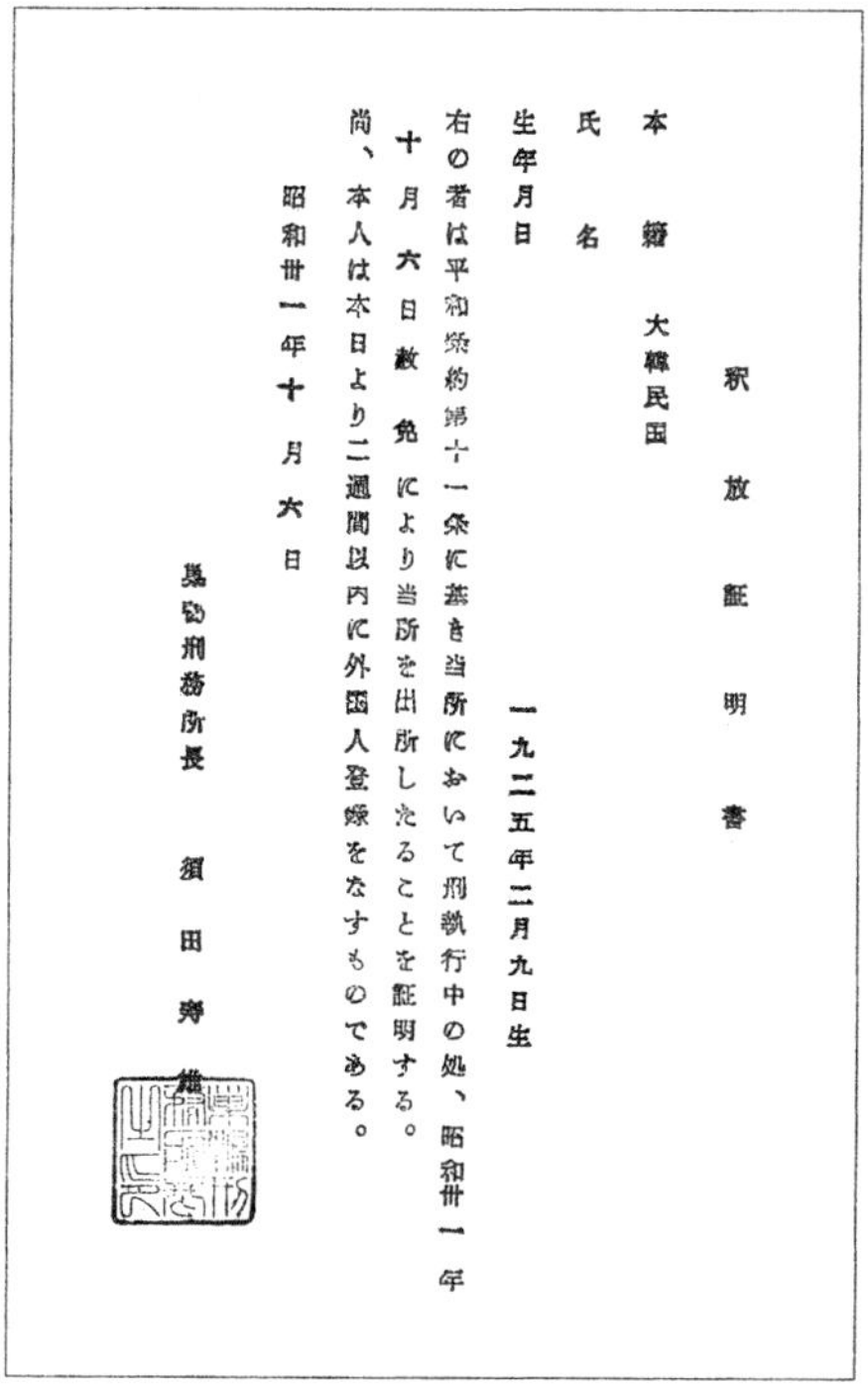
釈放証明書

本籍　大韓民国

氏名

生年月日　一九二五年二月九日生

右の者は平和条約第十一条に基き当所において刑執行中の処、昭和卅一年十月六日赦免により当所を出所したることを証明する。

尚、本人は本日より二週間以内に外国人登録をなすものである。

昭和卅一年十月六日

巣鴨刑務所長　須田寿雄

図10　釈放証明書

注　朝鮮人・台湾人戦犯の場合巣鴨を出所すると外国人登録をさせられた。

ときに主食の受け取りに必要な書類は、中央更正保護委員会事務局から本人に交付される。

戦犯は、仮釈放された時点ではじめて「引揚者《ひきあげしゃ》」とみなされ、そこで、引揚援護庁長官名で「引揚証明書」が発給された。なお、海外で裁判を受けた者は、刑が確定した日が復員の日とされ、日本軍から解職されていた（一九四七年七月一五日「外地戦犯者等の復員（解職）処理について」、第一復員局第一二五八号）。

戦犯は、復員しているが、未帰還という扱いだった。スガモを仮出所した時点で、引揚が完了したのである。しかし、引揚は完了しても、刑期が終わったわけではない。『すがも新聞』の初代編集長真鍋良一は、一九四九年に釈放になっているが、「公職追放」になっているため、外務省に復職できなかった。

指定された住所に落ち着いた後に、成人保護観察所長および保護観察者に、帰住届けを出す。「保護観察委託書」には、仮出所した戦犯の「保護観察は、日本国の法令に基づいて行うものではなく、連合国総司令部の命令に基づいて行うものであります」との但《ただ》し書きが付されている。戦犯は、まだ総司令部の観察下におかれていたのである。

泰緬《たいめん》鉄道にいた文泰福は、一〇年の刑を通算六年六ヵ月で仮出所している。文元哲一という創氏改名の時の日本名で「連合国軍最高司令官総司令部宣誓仮出所委員会　宣誓仮出所証書」を受け取った。表が日本文、裏が英文である。朝鮮名の記載はない。ジェームス・W・デヴィス陸軍歩兵大佐による「証書」には、「この証書記載の心得事項を読み且《か》つ承認した上　一九五二年四月八日に巣鴨拘置所から宣誓して仮出所させられる者である」とある。

「心得事項」には、つぎのように記されていた。

1　仮出所する者は、中央更正保護委員会に引き渡される。そして、八日以内に帰住地の保護観察所に届出をしなければならない。毎月五日には、自分の状況を保護観察者に報告しなければならない。

2　前もって書面による承認を受けなければ住所を変更したり、八〇キロ以上離れた地域へ旅行したり、三日以上住居をあけてはならない。

3　仮出所者は日本のすべての法律、占領軍の一切の規則等に従わなければならない。

文元哲一（文泰福）は「宣誓仮出所証書」と「引揚証明書」をもってスガモを出た。「引揚証明書」は、引揚援護庁長官が一九五一年八月二七日に横浜に上陸したことを証明している。占領下で出所した文泰福は、いまだ「日本国籍」をもつと見なされていたので「引揚証明書」に「外国籍」の記載はない。朝鮮人は平和条約で日本国籍を離脱したと見

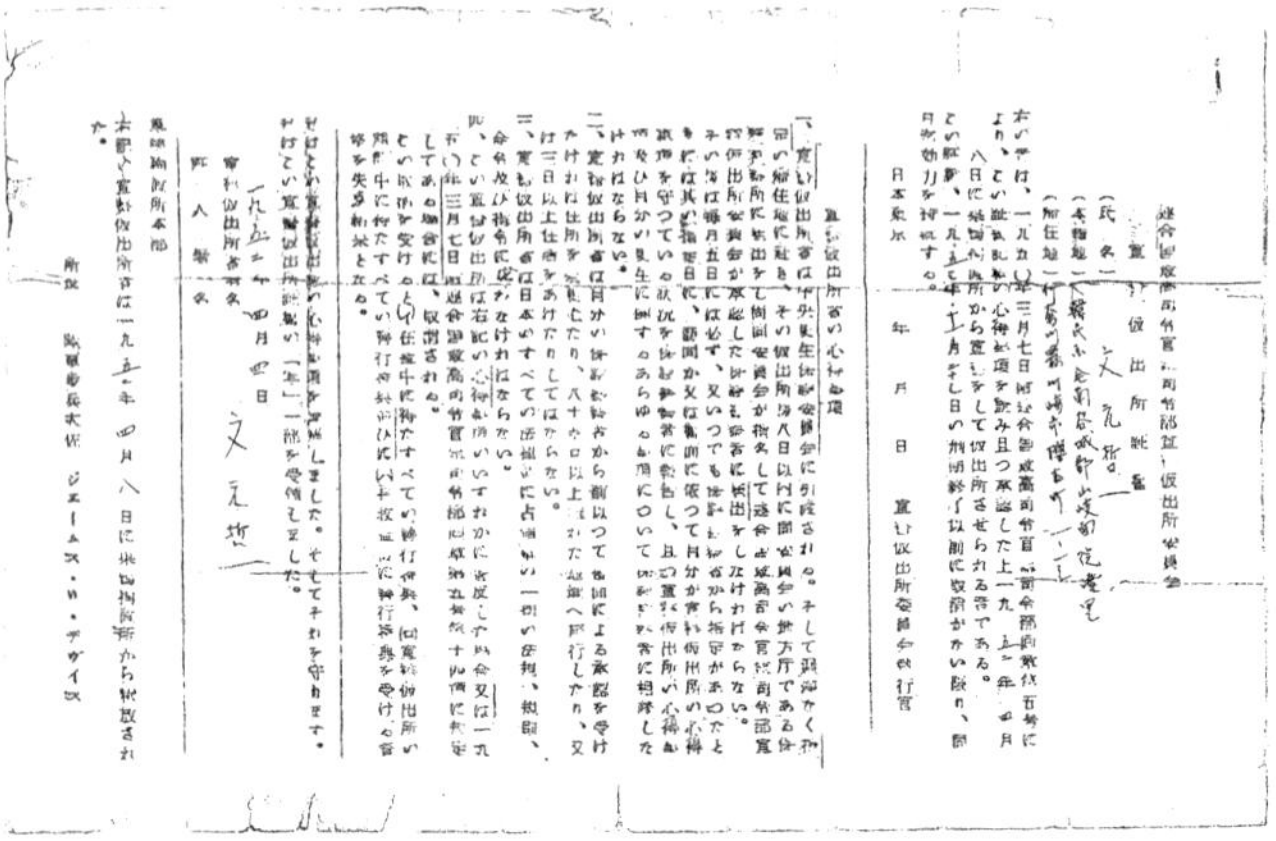

図11　宣誓仮出所証明

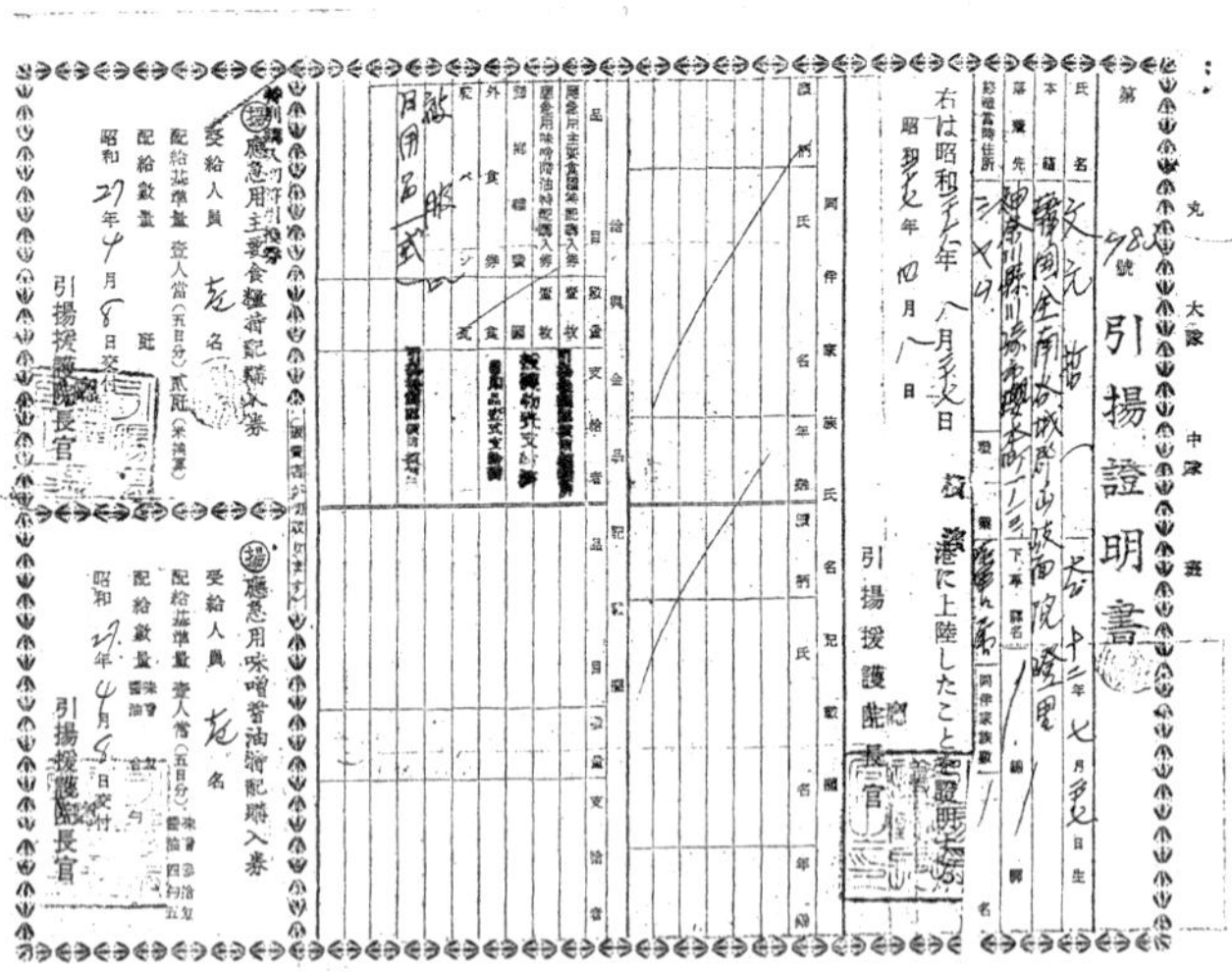

図12　引揚証明書

なされたため、条約後に出所した者の証明書には「外国籍」と記載されている。

　軍服一枚と日用品一式、これに「応急用主要食糧特配購入券」(配給基準量一人あたり五日分二キロ)と「応急用味噌醤油特配購入券」(同じく五日分味噌三〇匁、醤油四勺五)、神奈川県川崎市の身元保証人のところまでいく交通費八〇〇円、これが文泰福が仮出所の時に支給されたものである。川崎は、朝鮮人多住地域であるが、それでも仕事を探すのは難しかった。文は、その後、仕事を探して、転々と居所を移している。だが、居住制限があるため、韓国へは帰れない。誰もが待ち望んだ仮出所だが、異国の地に放り出された韓国・朝鮮人戦犯には、出所後の生活の困窮という問題が待っていた。それでも戦犯たちは、一日千秋の思いで仮出所を待ちわびた。その一方、一九五〇年に入っても新たに五八人が逮捕されている。

　米軍が管理したスガモプリズンから、八九二人が仮出所している。アメリカ以外の裁判国の戦犯も、米軍の法規の下で統一管理されていたので、「恩典付与」の対象となったのである。敗戦から五年もたたない時期に、なぜアメリカは減刑・仮釈放に踏み切ったのだろうか。一因は経費である。米軍はスガモの管理に年額七〇〇〇万ドルを使っていた。横浜裁判には年額一四〇〇万ドルかかり、これを日本と均分に分担していた。占領の経費が脹《ふく》らむなかで、アメリカでは、裁判もスガモの拘留も「早く終結の必要がある」との意見が出始めた。釈放は経費面から現実的な課題となってきたのである（「横浜戦犯裁判判決減刑振に関しアプレシエーション申入方の件」〔昭和二四年五月九日〕前掲『本邦戦犯裁判関係雑件　横浜軍事裁判関係一』）。

ダレス来日――条約への期待

一九五一年一月、ダレス特使が来日した。吉田茂《よしだしげる》首相と三次にわたり、対日講和条約について会談している。朝鮮戦争で希望が打ちくだかれたと、苦悩を深めていた戦犯たちは、釈放への満腔《まんこう》の期待をこめて、ダレス特使を迎えた。しかし、警察予備隊が創設（一九五〇年八月一〇日警察予備隊令交付）され、旧軍人、政治家の追放が解除される（一九五一年六月二〇日第一次解除）なかの会談である。釈放が再軍備と引き替えになることを、懸念する声もあった。アメリカでは、朝鮮で国連軍が敗退している時期に、対日講和を進めることへの疑問があった。国防省は占領の継続を主張し、国務省と意見が対立していた。政府内での意見がまとまり、対日交渉が始まったのである。国務省は、無軍事・無力の日本が、極東の〝力の真空〟となっており、侵略を誘致すると判断していた。日本を適当な軍備をもつ、自由な国家として再建することを、第一の目的にしていた。また、過去の誤り、とくに第一次大戦後、ドイツに対して過重な賠償を課したヴェルサイユ条約の過ちを繰返さないように、慎重を期していた（外務省条約局法規課『平和条約の締結に関する調書　Ⅲ』一九六七年）。

日本でも日米交渉にむけて準備作業を進めていた。一九五〇年一〇月には、吉田茂総理が山梨勝之進《やまなしかつのしん》・小林躋造《こばやしせいぞう》元大将と再軍備について会談、川辺（河辺虎四郎と思われる）元大将・下村定《しもむらさだむ》元大将・辰巳栄一元中将・榎本重治元海軍大学校教授とも数次にわたり話し合いをしている。下村は、再軍備に関する一部旧軍人の動きを旧軍人の全体の動きとみないように、また、将来、よい軍隊をつくるためには、現在苦境にある傷病兵や遺家族の救済について考慮するようにと要望、川辺（河辺）は、将来の再軍備は現在の警察予備隊とはまったく別個なものとして発足すべきであるとの意見を述べている（『平和条約の締結に関する調書　Ⅴ』）。鈴木総兵衛『聞書・海上自衛隊史話』（水交会、一九八九年）によると、五一年一月一九日、吉田首相の再軍備に関する諮問機関に、河辺虎四郎・辰巳、堀悌吉《ていきち》・富岡定俊・榎本、外務省の西村熊雄条約局長らが出席し、第二復員局作成の「再軍備に関する資料」の要旨が説明された。二月九日、野村吉三郎元海軍大将は「私案」を提出。山梨・小林らも陪賓《ばいひん》として出席した）。

スガモの最大の関心事である戦争犯罪人の問題について、日本側は「戦争犯罪人につき

図13　フィリピン・モンテルパ収容所の日本人戦犯
（1952年3月撮影，毎日新聞社提供）

新しい訴追を打ち切ることとともに、平和条約成立の機会に連合国各国において、戦争犯罪人にたいして大赦《たいしゃ》の措置を執《と》られるよう懇請《こんせい》する。刑の執行を日本に一任されたい」と要望することを決めている。アメリカは、条約締結後も戦犯の刑の執行を確保する方針だったのである（「米国の対日平和条約の構想に対応する我が方の要望方針（案）」一九五〇年一〇月、前掲『調書　Ⅲ』）。

なお、一九五一年一月一日現在、スガモには一三七八人と未決二人が収容されていた。海外ではフィリピンやオーストラリアのマヌス島などに七五九人の既決囚と同未決三六人が収容されていた。

二八日の会談では、日本側は先の「要望方針」にそって吉田私見を出している。一月三一日の第二次会談で、ダレスは条約後の新訴追はあるまい、大赦は一度に全部とはいかない、罪状によって緩和することにしたいと発言したことが、西村熊雄条約局長のメモに残っている。

日本は、「仮覚書」の中で、平和条約で新しい訴追の打ち切りを規定することを求めた。また、平和条約とは直接関係ないが、現に海外にある戦争犯罪人が、日本で服役することができるように、関係政府に斡旋を懇請している。二月六日の事務方会談で、アメリカは、日本の要望を入れ、戦争犯罪人に関する要請を了解している。

一九五一年三月二七日、アメリカの草案が提示された。戦犯問題は第一二条で定義されている。

第一二条（戦争犯罪人）　日本国で拘禁されている戦争犯罪人にたいする恩赦、減刑、仮釈放、赦免の権限は日本国と刑を宣告した連合国と共同してのみ行使できる。極東国際軍事裁判によって宣告を受けた者の場合には、この権限は日本国と上記裁判所に代表された政府の過半数と共同してのみ行使できる。

イギリス案では、第二一条に戦争犯罪人の規定があった。内容は、アメリカ案と同一である。日本は「戦犯の項」については異議がなかった（前掲『調書 V』）。

第二次交渉は、四月一七日に行われたが、「戦犯の項」に修正はない。なお、四月二三日の吉田・ダレス会談で、韓国の署名問題が討議されている。日本は韓国が平和条約に署名することに反対していた。その理由として、吉田総理の閲覧・承認をへて、アメリカ側に提出した文書には、つぎのような文言がある。

韓国は解放民族であって日本にたいしては平和条約によってはじめて独立国となる。日本と戦争状態にも交戦状態にもない。したがって連合国と認めるべきではない。韓国が署名国となれば、在日朝鮮人は連合国人として平和条約の規定によって財産の回復・補償などについて権利を取得し権利を主張するだろう。現在約一〇〇万近く終戦時には一五〇万に達した朝鮮人がこのような権利を主張すれば、日本はほとんど耐えきれない負担を負うこととなろう。しかも、これら朝鮮人の大部分が共産系である事実も考慮にいれる必要がある。（前掲『調書 V』）。

解放されエネルギーに溢れた在日朝鮮人の活動はめざましかった。一時は日本共産党にも入党して活動をしていた。条約の調印国になれば、連合国人としてその立場も強化される。戦時中の強制労働への賃金支払い・補償要求も当然ありうるだろう。吉田内閣は、韓国を条約の署名国から排除することで、賠償・補償要求を退けようとしていた。ダレス特使は、「韓国政府は国連総会の決議で朝鮮の正統政府として認められ多数の国連加盟国によって正式に承認されている。（略）米国としては韓国政府の地位を強化していきたい。この点、日本政府もご同見だと思う。条約実施によって在日韓国人が連合国人としての地位と権利を取得して、これを主張してくると日本政府が困《ママ》まる地位にたつことは承知した。で、この日本側の困難をどうして回避するか、合衆国で考慮するから、韓国の署名には同意してほしい」と再び要求した。吉田総理は強硬だった。

在日朝鮮人は極めて厄介な問題である。彼らを本国に帰したい旨たびたびマッカーサー元帥に話した。マ元帥は、今帰すと帰《ママ》えされた者は韓国政府によって首を切られる。人道的立場から今はその時期でないとの意見であった。しかし、朝鮮人は帰ってもらわぬと困まる。彼らは、戦争中は労働者として連れてこられ炭坑で働いた。終戦後社会の混乱の一因をなすにいたった。日本共産党は、彼らを手先につかい、彼らの大部分は赤い――。（前掲『調書　V』）

日本の強硬な態度は変わらなかった。韓国はこうして対日平和条約の署名国から排除された。

四月二三日午後、東京の工業クラブにおけるダレス特使の演説では、戦犯問題には一切触れていない。五月九日、吉田首相は、衆議院本会議、参議院本会議で、ダレス会談について報告している。野党も戦犯問題にはふれていない。なお、ソ連邦の一九五一年六月一〇日付覚書は、アメリカは占領当局の手をつかって軍国主義を復活させる政策を実施中であると、戦争犯罪人の釈放を軍国主義の復活に関連させて警戒している（前掲『調書Ⅵ』）。

ソ連はハバロスクで、「細菌戦用兵器の準備及び使用」で関東軍総司令官山田乙三《おとぞう》大将や同軍医部長梶塚隆二軍医中将など、七三一部隊関係者一二人を裁いた（一九四九年一二月二五日～三〇日）。山田らに矯正《きょうせい》労働二五年の判決を下している。細菌戦関係者を裁いたソ連は、戦犯の釈放に反対したのである。なお、七三一部隊の部隊長石井四郎軍医中将ら関係者は、総司令部との密約で、実験資料を提供して戦犯追及を逃れていた。

一九五一年六月四～一四日、ロンドンでアメリカ・イギリス会議が開かれた。これを受けて、日本で第三次交渉が始まった。賠償について、アメリカはイギリスと大いに議論したという。イギリス、オーストラリア、フィリピンから、賠償の要望が強いこと、とくに虐待をうけた捕虜にたいする賠償要求が強かった。現在の支払不能は別として、何かをすることが対日好意をとりもどすのに必要であろう、あたらしく金を払うのではなく、現に国外にあるものを充当するのは酷ではあるまい、中立国と独伊にある日本の公私の財産（最大四〇〇〇万ドル）を、自発的に国際赤十字委員会に引き渡して、虐待された捕虜の補償に充当するようにしたい、アメリカはこのように申し出た。対日平和条約第一六条、捕虜への個人補償の条項は、こうして挿入された。

戦犯問題については、イギリスは、アメリカ案の第一二条の冒頭に「日本は国際裁判所および連合国戦犯裁判所の判決を承認する」を加え、恩赦などは日本の勧告にもとづいて連合国が行うことにした。六月二八日、アリソン公使から受領した新案文には、先のイギリスの提案が、アメリカ案の冒頭に加えられていた。また、恩赦その他は、日本と連合国と共同して行うとの文章は、「日本の勧告にもとづいて連合国によって行使される」と、改められている。日本側は、異議を申し立てるべき筋合の修正ではないと回答している。

対日平和条約の戦犯条項は、日本側が要望を提出してアメリカと折衝《せっしょう》し、イギリス案と調整して決定された。再軍備、賠償と、論議すべき多くの課題の前で、戦犯問題はほとんど議論もなく決着した。

条約による戦争犯罪人の全面釈放はない。赦免と恩赦、日本への管理の移管、これらの要求は認められた。スガモは、日本に移管され、今後の赦免は日本政府が勧告し、裁判国が個別に検討することになったのである。

動き出したスガモ

一九五一年九月八日、サンフランシスコで対日平和条約が調印された。「講和条約調印記念号」と銘打たれた『すがも新聞』一六五号は、「六年の自制と忍従が報ひられるべくして報ひられる日はないのか」、戦犯たちの「一切の願望は何物をも残さず消え去つた」と、失望の念を表明している。すでに旧軍人、政治家の公職追放が解除されていた。「戦争犯罪人」としての拘禁が続き、社会からとり残されていくことへの焦《あせ》りも強かった。

平和条約による釈放がないことが明らかになるなかで、戦犯たちは「巣鴨法務委員会」を結成した（一九五二年三月一日）。政府や国会への陳情を行い、釈放運動を強力にすすめるための組織である。BC級戦犯裁判への世論を喚起することも目的にしていた。同委員会は八五二ページに及ぶ『戦犯裁判の実相』を編纂し、刊行している。自ら鉄筆を握り、わら半紙に印刷した膨大な記録には、戦争裁判がいかに不当性のあるものか、いかに拷問が行われたのか、細かく記録している。当局による検閲がない『実相』には、戦犯たちの思いのたけが、時には誇張とも思われる筆致でまとめられている。A級の陰に隠れてほとんど省みられなかったBC級裁判の実情を、世に訴えたい、釈放運動をすすめたいという動機にもとづく手記集である。そのことを考えると、過剰ともおもえる裁判批判もうなずけよう。積年の思いや怨念が行間にあふれ出している（同書は、のちに新書版で『史実記録戦争裁判』〔東潮社〕として五巻にわけて刊行され、その後、槙書房、不二出版が復刻。不二出版版には別巻として『補完戦犯裁判の実相』が追加された）。

巣鴨法務委員会は記録をまとめただけでなく、釈放運動にのりだした。外務省戦犯室の古内参事官の目には「戦犯特にB・C級戦犯の気持ちは、最近特に険悪になって来て」おり、「ヤケクソ」になって、集団脱走のおそれもあると映っていた。だが、「法務省は法律で〝シバル〟ことが出来ず、政府も実力を用いてもよいことについて腹が決まっていない」状態だった。何よりも、戦犯が自分たちを〝罪人だ〟とは思っていないことから、政府は対応に苦慮していた（「戦犯問題についての協議会について」『講和条約発効後における本邦人戦犯取扱関係雑件六・戦犯者取扱いの現状』外交史料館）。

条約が発効すると『読売新聞』の「読者の欄」への投稿「政治的巣鴨慰問」（一九五二年八月一七日）、『毎日新聞』への投書「再軍備と戦犯」（一九五二年八月一五日）など、巣鴨から戦犯という立場を全面的に押し出した投稿も行われている。

当事者の失望や苛立《いらだ》ちをよそに、政府は戦犯を引き続き拘禁するための法整備をはじめていた。総司令部高級副官ウォーデン大佐が、スガモプリズンの管理要員の配置や戦犯の引渡日を、一九五二年三月二一日もしくは条約発効の日とし、日本政府にスガモの運営準備をするよう命じてきたのである（覚書「戦犯者の拘禁及管理に就て」一九五一年一二月三一日）。

平和条約第一一条は、極東国際軍事裁判所とBC級戦争裁判の判決を受諾した日本政府が、日本で拘禁されている「日本国民」に、法廷が課した刑を執行すること、戦犯の赦免・仮釈放の権限は、裁判を行った一つあるいは二つ以上の政府の決定および日本国の勧告に基づく場合の外は行使できないと規定していた。

日本政府に、戦犯釈放の決定権はない。できるのは「勧告」である。

戦犯たちの平和運動

日本管理下の巣鴨

平和条約の発効と釈放運動

日本が管理する巣鴨

対日平和条約が発効(一九五二年四月二八日)すると、スガモは日本が管理する刑務所となり、その名称も「巣鴨刑務所」と変わった。

日本は、①刑の執行と②釈放の勧告を担う。総司令部と折衝《せっしょう》を行いながら、刑の執行の基本法「平和条約第一一条による刑の執行及び赦免等に関する法律案」を作成した。法案は、一九五二年三月二五日第一三国会に提出され、四月二五日に成立した。一般に「法一〇三号」と呼ばれる刑の執行に関する法律である。(昭和二七年法律一〇三号、一九五二年四月二八日公布・施行)。

なお、法案逐条解釈の中に、戦犯裁判がその本質において国内裁判とは異なるものであり、「戦犯裁判の刑は、国内法上の刑ではない」ことが明記されている。

「巣鴨刑務所組織規程」も決まった（昭和二七年法務府令第四四号）。巣鴨刑務所に移管された戦犯は九二七人である。

日本政府は一括、全面釈放を交渉したが、裁判国は難色を示していた。あくまで、個別的、司法的に一人一人の調査・審査を行い、仮出所や赦免《しゃめん》の方式をとった。交渉にあたる土田豊中央更正保護審査会委員長にたいして、オランダのルーク・マーカーアジア局長はつぎのように語っている。

　ＢＣ級戦犯は決してＡ級戦犯の戦争政策から自動的に派生した結果に基

表５　日本に移管された戦犯者

裁判国	人数
アメリカ裁判	425人
イギリス裁判	116人
オランダ裁判	217人
オーストラリア裁判	23人
中国裁判	91人
フランス裁判	42人
極東国際軍事裁判	13人
計	927人

注　927人には朝鮮人29人、台湾人１人を含む。『第13回国会衆議院法務委員会議事録』第31号より作成。

表６　階級別収容人員

階級	人数
大臣級	6人
将官	51人
佐官	104人
尉官級	291人
下士官	240人
兵	41人
民間級その他	274人
計	1007人

注　1952年４月12日現在。『第13回国会衆議院法務委員会議事録』第31号より作成。なお、移管数927人との差はこの間に（仮）釈放された人数分である。

づいて処罰された訳ではなく、各人の行った反人道的行為によって処罰されたのであるから彼らの反A級感情には同情しかねる。（『講和条約発効後における本邦人戦犯取扱関係雑件　各国の態度並びに措置関係　オランダの部』第二巻、外交史料館）

BC級戦犯はあくまで各自が行った「反人道的行為」によって裁かれたのであり、A級戦犯に責任を転嫁することは許されない、裁判国はこう考えていた。あくまで個人の行為が裁かれたのであり、釈放も一人一人調査し、審査のうえに行う。裁判国はこの方針を堅持していた。彼らから見ると、巣鴨の釈放運動は「不当」と映ったのだろう。日本と裁判国の間では、BC級にたいする考え方が違っていた。それだけでなく、裁判国にとって戦犯の釈放・仮出所が、国内世論を刺激しかねない事情もあった。「軍事裁判の判決書が正確にして最終的なもの」と考える裁判国にとって、戦犯の拘留《こうりゅう》は、国民感情に即した、当然の措置と考えられていた。アメリカ国務省北東アジア局マクラーキン次長は、大量釈放は「米国の輿論《よろん》の反撃もこれを予想しないわけには行かず特にベテラン（退役軍人）の団体等には未だ生々しい記憶をもっている者もいる次第である」と、漸進的措置への了解を求めている。また、ダニング日本課員は「独逸《ドイツ》人戦犯の処理との関係を考慮せざるを得ない」ことにもふれ、日本人戦犯に関する措置は、ドイツより約一年程先に進んでいると、性急な日本側の要請に釘《くぎ》をさしている。朝鮮戦争における捕虜虐待も問題になっており、「米国民の輿論」に神経をとがらせていたのである（「土田委員長とマクラーキン北東アジア局次長及び日本課員との会談要旨」前掲『本邦人戦犯取扱関係雑件』）。

仮出所を要請する日本では、「一般日本国民の戦犯者に対する動向は、戦争の責任は、独り現在戦犯者として刑に服しておる者のみが負うべきものでなく、日本国民全体の責任であることを深く自覚し、戦犯受刑者に対し深い同情を寄せておる」という実状だった（中央更正保護審査会委員長名による「赦免勧告に関する決定書」、法務大臣官房司法法制調査部、『戦犯釈放史要』一九六七年）。

釈放したくてもできない政府は、赦免、減刑、仮出所の勧告を繰り返した。裁判国に、釈放問題が政治問題化しつつある点を強調して、迅速な措置を要求している。国会も数次にわたって決議を行っている。一九五二年六月第一三回国会衆院・参院、一九五二年一二月第一五回特別国会衆院、一九五三年七月・八月第一六回特別国会衆院・参院、一九五五年七月第二二回特別国会衆院と繰り返された。決議には戦犯の寛大な措置と同時に、フィリピンの死刑囚の助命、フィリピンとオーストラリアで抑留されている戦犯の日本送還が盛り込まれていた。

赦免・減刑・仮釈放は、法務大臣の管理に属していた。裁判国への勧告は、法務府外局の中央更正保護委員会の権限である。一九五二年八月一日には、同委員会が廃庁となり新たに中央更正保護審査会が発足、この審査会が、法務省保護局とともに、戦犯の刑の執行にあたっていた。仮出所の勧告は、七八九回を数えている。その手続はつぎのように行われている。

1　仮出所の対象となる本人が、申請書を巣鴨刑務所に提出する。
2　所長は「仮出所申請進達書」を添付し、中央更正保護審査会委員長に進達する。この時、行状成績報告書などと一緒に判決書の写しを添付する。
3　委員会の事務局員が、勧告の相当不相当を明らかにする予備面接調査を行い、「仮出所予備審査票」に面接結果を記載し、委員に提出する。
4　委員会は審査委員を定め、申請者の面接を行い「仮出所審査票」に勧告の相当、不相当を記載して事務局にもどす。
5　事務局は勧告の決定書を作成し、委員会の合議に付す。
6　委員会が合議決定した時には、委員長から法務大臣に報告する。
7　法務大臣から外務大臣あてにこれらの書類を送付する。

8　外務省から相手国へ送付する。決定の勧告を関係国に送付した後、外務省は外交折衝によってこれを推進し、決定を得れば法務省に通報する。

外務省は一九五三年六月八日、大臣官房戦犯室を設置している（戦犯室は、一九五七年九月に、アメリカ局に移管されたが、一九五八年末、戦犯問題の全部が解消し、五九年一月一三日に閉鎖された）。

日本人戦犯減刑保釈委員会

手順は煩瑣《はんさ》ではあるが、日本側は一日でもはやく、一人でも多くの仮出所を意図していたので、事務処理は迅速だった。一方、あくまで司法的措置による仮出所という方針を貫こうとしていたアメリカが、国務省内に戦犯赦免および仮出所の勧告処理機構「日本人戦犯減刑保釈委員会」を設置したのは、一九五二年九月五日である。この間、約五ヵ月も仮釈放がストップしていたことになる。

この「日本人戦犯減刑保釈委員会」には、大統領から、国務省・国防省・司法省から各一名の政府高官が任命されていた。委員長に国務省極東関係法律顧問補佐官コンラッド・スノーが任命されたので、通称「スノー委員会」と呼ばれている。事務局長には宣誓仮出所委員会の委員長を務めていた国務省のジョージ・J・ヘーゲンが就任した。委員会は原則的に毎週一回会議を開き、日本側の勧告について審査している。スノー委員長の審査方針は、つぎの二点である。

①　全面釈放等政治的考慮は、一部世論の硬化を惹起することが懸念されるから、司法的解決を促進して、仮出所許可を漸進する。

②　許可の順位は、上官の命を受けて戦犯に問われた者を、本人の犯意により行った者に比して優先する（「関係国の現況」、「六　戦犯者取扱いの現状」前掲『本邦人戦犯取扱関係雑件』）。

日本は在所者八三二人（一九五二年八月一五日）の中、仮出所勧告適格者三一三人からすでに、二九七人分の勧告書を裁判国に送っていた。赦免と刑の軽減については、七五人分が送付されていた。この事務手続のために、政府は、福永健司官房長官を委員長に、外務、法務、大蔵、厚生省各事務次官を委員とする「戦犯問題連絡委員会」を設けていた。日本は勧告を行い、釈放の手続きを整えてはいるが、裁判国側の決定がなかなかおりなかった。国民感情や賠償問題がからんでいた。審査会の土田豊委員長らは、関係国をまわって交渉をしてはいるが、その対応は大幅に遅れていた。戦犯本人はもとより、その家族や関係者さらに日本国内の世論がやかましくなってきた。戦犯たちの間からは、「クリスマスまでに出して貰いたい。出して貰えねば、後は責任を負わぬ」との発言まで飛び出していた（「戦犯問題についての協議会について」「六　戦犯者取扱いの現状」前掲『本邦人戦犯取扱関係雑件』）。

一九五二年七月には、木村篤太郎《とくたろう》法務総裁や岡崎勝男外相が巣鴨を訪問し、戦犯の代表者と会談している。木村は「諸君を罪人とは思っていない」とはいうが、「見通しについてはまだついていない」としか答えていない。岡崎も「個別審査でやる」との裁判国の方針を繰り返すだけだった。戦犯たちは、吉田・ダレス会談の裏で、特別な話し合いがあったはずだと期待していた。条文に全員釈放の文字がなくても、調印後に望みをつないでいたのである。だが、先に見たように戦犯の全面釈放について特別の取引はない。裏の話し合いもなかった。法務総裁も外務大臣も、期待に満ちた彼らの質問に答えることはできず、釈放についての明言はさけている。

選挙権の回復

釈放はできないが、処遇の改善は政府の一存でできる。占領下では、法務総裁大橋武夫は、戦犯は「日本の裁判所においてその刑に相当する刑に処せられた者と同様に取り扱うべきものとす」との見解を示していた。しかし条約が発効すると「この解釈はもともと総司令部当局の要請に基づいたものであり、平和条約の発効とともに撤回されたものとするのが相当と思料され、昭和二七年（一九五二）年五月一日その旨法務総裁から通牒して各省庁関係機関に徹底を図った」。これは、政府が戦犯を国内の刑にあたるものとして扱わないことにしたことを意味する。

国内の刑にあたらないため、戦犯の選挙権が回復した。一九五二年八月二八日、衆議院が解散し、総選挙が行われた。自治庁選挙部長は、九月二日、法務省矯正局にあてて、戦犯の選挙権は、条約発効と同時に回復していることを通知している。朝鮮人・台湾人をのぞく七九九人が投票権をもっており、不在者投票が行われた（「連合国の軍事裁判により刑に処せられた者の国内法上の取扱について」前掲『本邦人戦争犯罪人関係雑件、第一巻』）。

選挙権についで、刑死の公務死・法務死への変更がある。「国内法上の刑ではない」と扱いながら、「刑死」という呼び方が続いていた。釈放運動は、これを「公務上の死」（公務死）あるいは「法務上の死」（法務死）の扱いにするように要求している。公務死・法務死であれば、靖国神社への合祀《ごうし》も可能になる。合祀が実現して、はじめて戦争裁判の意味を消し去り、戦争犯罪人の復権ができる、そう考えられたのだろう。

軍人恩給も復活した。一九五三年八月一日、恩給法の一部改正が行われた。日本国籍をもつ旧軍人の恩給が復活した。この時は拘留中の戦犯は除外されていた。翌五四年六月の恩給法の一部改正で、拘留中の戦犯も、家族が代理受給できるように、変更になった。また、刑死者・獄死者の遺族が、公的扶助料相当額を受給できるようになった。

前年の一九五二年八月には、「戦傷病者戦没者遺族等援護法」（一九五二年四月三〇日公布、四月一日にさかのぼって適用）の一部改正が行われ、刑死者や獄死者の遺族が、弔慰《ちょうい》金《きん》、遺族年金の対象になっていた。朝鮮人や台湾人戦犯で刑死した者の遺族は、この改正でも除外されている。

政府は権限をもたないため、国内的な措置で戦犯の社会的な復権をはかってきた。しかし、止まったままの出所にいらだった戦犯の中には、刑務官の阻止をふりきって強引に外出する者も出てきた。

一九五二年一二月一五日には、「臨時外出」する者が一〇〇件を超した。一九五三年二月になると、職業補導という名目で所外作業も許可されている。このころには、昼間の巣鴨刑務所にいるのは、刑務官と少数の「巣鴨運営委員会」の役員のみだった。巣鴨はあたかも三食付のホテルと化したかのような状態だったという。戦犯たちは、裁判国の決定以前に、実質的に「仮出所」していたのである。

政府が困惑するなかで、戦犯たちが活動の自由を獲得していた。ジャーナリズムもまた、彼らの動きを後押ししていた。一九五三年一月二二日には、衆院議員立法で、仮出所の適格性の短縮などを盛り込んだ法律（「法四号」）が公布されている。これが裁判関係国を刺激し、アメリカからは抗議の照会が届いている。

『世紀の遺書』

裁判国による釈放が進まないなかで、戦犯たちは巣鴨から発言し、さまざまな情報を発信し続けた。『戦争裁判の実相』の刊行は、政府や国会への働きかけに大きな役割を果たした。巣鴨遺書編纂委員会は戦犯の遺書をまとめた『世紀の遺書』を刊行している。刑死者の遺書を集めた八〇〇ページに及ぶ書は、『実相』と異なり、外函を画家東山魁夷《ひがしやまかいい》、装丁を画家中村岳陵《がくりょう》が担当した豪華本である。生々しい遺書が、戦争の記憶が遠のきはじめた社会に衝撃を与えた。戦争を生きてきた世代には、刑死者と自分の戦争協力の距離を考えさせた。BC級戦争裁判で何が問われたのか、戦争責任とは何か、改めて問題を投げかけたのである。

『世紀の遺書』に収録された遺書は、家族や友人が提供した。テレビ「私は貝になりたい」の中に、絞首刑《こうしゅけい》の前夜、教誨師《きょうかいし》のすすめで遺書を書く場面がある。出された紙に鉛筆を握りしめて一生懸命に遺書を書く主人公、涙なしでは見られない場面である。だが、どこでもこのような形で遺書が書かれたのではない。シンガポールのチャンギー刑務所では、遺書を書く紙もその機会もなかった。トイレットペーパーや紙切れに書いたメモが、食事係の戦犯によって持ち出されたり、刑死後に房の掃除に入った仲間の戦犯が、隠し場所から運び出したりしている。そうした遺書が密《ひそ》かに日本に持ち帰られたのである。時には、弁護人の手伝いをしていた日本人が、そのメモや紙切れに書かれた遺書を清書している。関口秀夫は、シンガポールで遺書の清書をしたことがあった。遺書の中にはそのまま家族に渡すには忍びがたいものもあったという。一通だが、清書の段階で手を加えた。あまりの恨みと怨念のこもった遺書で、そのまま家族に渡すのは忍びがたかったからだという。それが誰の遺書だったのか、記録を残していない、また、名前も記憶していない（一九八二年四月二日、一九八三年七月一〇日、インタビュー）。

こうした修正もあったが『世紀の遺書』は、その衝撃的な内容から版を重ねた。その収益金で東京駅丸の内口前に「愛の像」が建立されている。除幕式は一九五五年一一月一一日に行われたが、像には建立年月日も建立経緯も何も記されていない。「像」は千葉県市川市在住の中村勝五郎によって建立された。命名は村井資長《むらいすけなが》（元早稲田大学総長）である。外函の装丁をした東山、村井、中村は千葉県市川市に在住する近隣の間柄であった。味噌問屋を経営する中村勝五郎は、戦犯の遺族会である「白菊会」を援護していた。中村の資金援助で『世紀の遺書』が刊行されることになり、中村は、装丁を知り合いの中村岳稜に、外函を近隣の東山魁夷に依頼した。収益金で「像」を建立すると、その命名をクリスチャンの村井に依頼したのである（一九八五年三月二一日、中村勝五郎へのインタビュー）。

社会学者鶴見和子は、弟俊輔《しゅんすけ》から『世紀の遺書』を必読の書として薦《すす》められた。遺書の分析から、鶴見は刑死者の死の受けとめ方を分類している（「極東国際軍事裁判―旧日本軍人の非転向と転向」『思想』一九六八年八月号）。

1　反裁判――裁判は勝者の敗者への復讐《ふくしゅう》である。

2　「天皇のための死」――天皇崇拝を信じそれに従ったもの。

3　犠牲死――戦争に対する犠牲、反裁判および天皇のための死。

4　永世――非転向グループ、魂は祖国または家族のもとに帰る・生まれ変わりを信じたもの。

5　静謐《せいひつ》。

6　反戦――転向グループ。

1のグループは、裁判が戦勝国の敗戦国にたいする復讐が本音であったことをついたと、鶴見は指摘している。戦争裁判自体のもつ矛盾とその矛盾の認識のために、裁判が侵略戦争否定への教育を標榜《ひょうぼう》して行われたにもかかわらず、刑死者の少なくとも六二名は、反裁判となり、旧日本軍のイデオロギーに、より強烈に傾斜していった。

2のグループは、実際には天皇への信仰は失ってしまったが、天皇信仰を保持しているかのごとく最後までふるまったものである。

鶴見によると、刑死者の八七・四％は旧日本軍の戦争イデオロギーをあからさまに否定するにはいたらなかった。それに嫌悪を表明するか、またはそれを批判したのは、わずか八・九％にすぎない。はっきり戦争反対を表明したのは、わずかに三・四％でしかない。しかし、その「反戦」の意思表示をした者のうち「有罪」を認めた者は一人もいない。また、「有罪」を認めた二・一％のうち「反戦」の立場を表明したものは皆無であった、鶴見はこう分析している。死刑判決をうけた戦犯たちが、自分でも「有罪」と考え、自らの死を「反戦」に結びつけた者は皆無だったのである。

戦犯の訴追の過程と裁判の進行を考えれば、鶴見の分析結果もうなずける。死刑囚の中には、旧日本軍のイデオロギーに依拠するほかに、死の意味を見いだせなかった者も多いだろう。「悪いと思わずに死んでいく私を許してください」と言って刑死した道下の場合、旧軍のイデオロギーなどという大げさなものではなく、とまどい、おろおろと死を受け入れざるを得なかったのではないのか。八七・四％の数字にはこうした死も含まれる。鶴見は、「国際軍事裁判法廷は、被告たちが自分たちの戦争犯罪を自認し、その罪を悔い改めることによって侵略戦争否定の立場に到達することを期待したのであったら、その意図は裏切られた」と結論している。

戦争裁判が期待したものは、むしろ、生き残って、スガモで考える時間をもち得た者の中に、その萌芽があった。松浦のように「日の丸」が本当に嫌いになった者、アジア人の憎悪の眼差しから、戦争の意味を問われた服部（飯田）、米軍への抵抗で目覚めた禾《のぎ》、「私は貝になりたい」の加藤など、スガモの中には侵略戦争を考え、それを批判的にとらえる人たちがうまれていた。

朝鮮戦争下で再軍備への動きがすすむ、その危機感が若い戦犯たちの活動を活発にしていた。しかし、日本に再軍備をもとめていたアメリカは、彼らの活動を「反米的」「共産主義」と見なして、日本側に取締りを要求している。裁判国が裁判の理念を裏切っていく。

釈放と賠償――オランダの場合

戦犯をいつ釈放するのか、裁判国が決定権を握っていた。オランダの場合、賠償と戦犯の釈放問題が、深くかかわっていた。オランダ（蘭領印度）裁判で、有罪判決を受けた者は九五二人、日本に送還された者は六八四人、平和条約発効時に、スガモにいたオランダ裁判の戦犯は二一七人である。

一九五四年七月一〇日までに、日本側からの仮出所勧告一八八件、赦免または減刑勧告三三件がだされていたが、オランダ政府は何も決定していない。外務省の近藤総務課長が「戦犯問題についての協議会」の席上、オランダは二〇〇人以上の「大株主だ」と発言したほどである。審査機関ができていなかったこともあるが、日本がインドネシアで抑留したオランダの民間人への補償問題がからんでいた。オランダの対日感情は極めて悪かった。

平和条約は、日本が「戦争中に生じさせた損害及び苦痛」に対して連合国へ賠償を支払うことを認めていた（第一四条）。アジアへは金銭賠償ではなく、生産物と役務による賠償だったが、連合国捕虜にたいしては、日本の在外資産を売却したカネをもとに、賠償が支払われた（第一六条）。これらは、フィリピンそしてイギリス、オーストラリアが強く主張して盛り込まれた条項である。

オランダ代表ディルク・ユー・スティッカーは、講和会議の席上、この一四条では国民の承認を得られないと演説している。オランダは「日本の東南アジア侵略によって最も損害を蒙ったものの一つ」であり、「家族の少なくとも一員が日本治下のインドネシアにおいて強制収容ないし投獄の経験を嘗《な》めない家庭は殆《ほとん》どない」からである。一三万五〇〇〇人の捕虜と抑留者の二〇％にあたる二万七〇〇〇人が、「ここに申上げるには余りにも恐ろしい状況の下において死んでいった」。物的被害もまた莫大で、戦前の計算でおよそ二〇億米ドルに及ぶとの数字をあげている。中でも国際法で何ら保護されなかった民間の抑留者への被害が強調された（外務省『サンフランシスコ会議議事録』、一九五一年）。

オランダ代表は、元抑留者の被害を無視して、賠償を放棄したのでは、国民を納得させることができないと主張してきた。このため、一九五一年九月七日、講和会議の場外で吉田茂とディルク・ユー・スティッカーとの間で書簡が交換された。吉田・スティッカーの協定は、「日本が平和条約の精神に則《のっと》り行動するときを進んで宣言するときのみ、意味のある紳士協定」すなわち「モラル・オブリゲーション」である。義務ではなく日本が進んで賠償の支払いを宣言することを求めた協定で、強制力はない。

インドネシア（旧蘭領印度）から引揚げたオランダ人元抑留者たちは、補償を強く求めていた。オランダ政府も交渉に乗り出すが、日本は応じない。スティッカー外相は、一九五二年八月の段階で、日本が元抑留者への補償金支払に応じない限り、戦犯を釈放しない方針を明らかにしていた。八月八日、下田武三条約局長が、テッペマ駐日オランダ大使を訪問し、戦犯赦免の個別申請の速やかな処理を要請したのにたいして、大使は「本件と全然別問題」と断りながら、旧蘭印抑留者補償の問題につき「日本政府の意向」を早目に承知したいと発言している。オランダ側は、日本側の用意があれば、使節団を東京に派遣することをすでに提議していた。会談の内容は、在オランダ田付景一臨時代理大使にも打電され、田付からもオランダ側の対応が打電されてきた。赦免はアメリカのように委員会を設けて、審査を行うことになる、一一月一〇日の皇太子立太子式に、釈放などの具体的措置を取ることは、時間的に不可能なことである、そのうえで、オランダ政府としては、「国内世論を考慮せざるを得ず」、「インドネシア被抑留民間人補償に関し、日本政府が何等のステップを採らざることをこぼしおりたる趣《おもむき》にて、当国政府が全面釈放に同意する場合は議会方面より、右補償問題が未解決なる点を取り上げられ、政府が苦境に立つ虞《おそれ》なしとせず」と伝えている（「BC級戦犯一般赦免に関する件」、下田条約局長メモ、外務大臣・田付代理大使の往復電文、前掲『本邦人戦犯取扱関係雑件　各国の態度並びに措置関係　オランダの部』第一巻）。

翌年一月には、岡本季正《すえまさ》特命全権大使からもルンス外務大臣との会談の結果が伝えられた。それには、「補償問題に関する交渉に満足を得られざる限り、議会の空気、一般輿論の反対」で、オランダ政府が困難な立場に立つとある。

さらに問題が持ち上がった。オランダ政府が、裁判関係書類をもっていないことが明らかになったのである。インドネシアの独立に際し、オランダは戦犯関係原文の引渡しを受けようとしたが、「インドネシア側はこれ等を他の裁判関係書類と共に抑えて一切引渡しを拒否したまゝ今日に至って」いた。判決文を含む裁判資料が手元にないオランダは、個別の赦免や仮出所の審理材料をもっていないことになる。戦犯を日本へ移管する時に、判決原文のオリジナルコピーが総司令部へ送付されているので、アメリカと交渉して判決の「写し」をとるか、アメリカを通じてインドネシアから取り寄せるのか、日本側が裁判資料の入手に動かない限り、戦犯釈放はできない（「戦犯問題に関する当国司法省係官の談話報告の件」、前掲『本邦人戦犯取扱関係雑件　オランダの部』）。

インドネシアへの照会依頼の交渉にあたったジャカルタの甲斐《かい》文比古総領事から「イ側には当国内に於《おい》て行われた戦争裁判の管轄権が、オランダの主権移譲と共に当国に移りたりとの意見もある」ことが打電されてきた（一九五三年三月四日）。インドネシアに裁判の管轄権があるとの主張である。岡崎は「戦犯の管理権が国際法上移転せられ得る権利なりやは甚《はなは》だ疑問である」。日本の要請が、対日平和条約一一条に基づいてオランダにたいしてなされた「人道上の問題」であることをインドネシア側に説明して、判決文の写しを入手する努力をするように指示している。

戦犯の釈放問題には、オランダ人元抑留者への補償問題とインドネシアとの裁判資料返還の交渉が解決されなければならない。そのインドネシアとの間でも賠償問題が懸案となっている。

オランダのハーグで補償に関する交渉が始まったのは一九五三年に入ってからである。この年の四月には、東京のオランダ大使館に、釈放に関する三人委員会（委員長ハーゲナー参事官）が設立された。オランダでは、釈放等の勧告が外務大臣の所管に属し、大使館が権限を有していたのである。日本側が提出した勧告が審査され、本国での審査も始められた。だが、判決書の写しはいまだ、入手できていない。オランダは「パロール（宣誓仮出所）に付いては判決書は必要なし」と考えていたが、赦免、減刑等の審査には判決書写しが必要、との方針は変わっていなかった。

インドネシア側との交渉が続けられた。四月二七日、オランダ大使館から「最初の決定が通告されるのも遠くはない」と、本国から訓令を受け取っているとの説明があった。だが、日本側に戦犯釈放について「その発表振りはなるべく大げさに取扱わないことにして戴きたい」と要請している。日本からのニュースの打ち返しが「オランダの反日分子に政府攻撃の好箇の材料を与える」ことになるからという（「オランダ関係BC級戦犯取扱い振りに関する件」前掲『本邦人戦犯取扱関係雑件　オランダの部』)。

インドネシアから「戦犯がインドネシアより西ニューギニアに移送されたとき、オランダ側に引き渡したものらしく、探しているが見当たらない」との報告が入った。この報告に、オランダのルンス外相は、戦犯が「西ニューギニアに移送されたことあるを承知せず、元来インドネシアは役人の数のみ多く、その間に連絡統制なく、乱脈を極めおり、オランダ側としても従来この種の困難に悩まされおるは困ったものなり、勿論《もちろん》インドネシア側の無責任、不注意により紛失せるものと思う」と怒っている。オランダは、インドネシアからの引渡しを受けていないと主張した。インドネシアの司法省内のオランダ人官吏へも問い合わせているが、「本判決書はインドネシアにある筈《はず》だが、なにしろ全然書類の整理がついていないので早速探すように努力するが、相当時間がかかると思う」との回答である。七月に入り、判決文、認証謄本《とうほん》各一部が発見された。その後、インドネシアでは、裁判資料が少しずつ「発見」され、そのコピー代の支出を、日本側に要求している。オランダが、インドネシア政府から、裁判記録が全部インドネシア最高裁判所に保管されていることの〝確認〟を取り付けたのは、一九五三年七月である(「オランダ関係戦犯判決書に関する件」、前掲『本邦人戦犯取扱関係雑件　オランダの部』)。

一九五三年七月二二日、オランダは一三名の仮出所を決定した。日本の皇太子がオランダを訪問したのを契機として認められたものである。一二月には、オランダとインドネシアとの間で、無期刑戦犯の裁判記録の入手がいちおうの解決をみて、コピーが作られた。しかし、その後も、オランダの釈放の動きは遅く、一九五四年九月現在、巣鴨に拘留されているオランダ裁判関係戦犯は一五六人、アメリカ裁判についで多かった。

法務省が「和蘭《オランダ》関係戦犯者の状況について」（一九五四年九月現在）をまとめている。それには、他の裁判国の全面的な減刑措置がすすむなかで、オランダ関係だけが、政府の決定がないために、拘禁を余儀なくされていると指摘している。彼らが戦犯に問われた事件の中には、「インドネシア人、支那《シナ》人等、和蘭人に非ざる者を被害の対象としている事件が頗《すこぶ》る多く、現在これら東亜の諸国が日本人戦犯者に対し極めて寛容なる態度を示しつつ、ある実状等を考慮せられ、この際速やかに仮出所を許可」するよう切望している（「和蘭関係戦犯者の状況について」前掲『本邦人戦犯取扱関係雑件　オランダの部』。一九五三年七月の仮出所者数は一二名と一三名の二つの数字が出てくる）。

松浦猪佐次《いさじ》はインドネシア人兵補の事件に関連して蘭領印度のアンボン法廷で裁かれた。日本は、オランダ（蘭領印度）の法廷がインドネシア人への戦争犯罪を裁いたことを疑問視し、アジア人が日本に「寛容」な態度を示している現在、戦犯をすみやかに釈放するよう、求めている。ジャワ島外の法廷では、住民に関連した裁判も多いが、バタビア法廷では、オランダ人捕虜や民間人への虐待が重視されている。民間人を抑留して虐待したというオランダ側の資料に、日本は不満を示し、より詳しいデーターの提出をもとめた。交渉は暗礁に乗り上げた。

一九五五年一月、鳩山内閣はオランダ側の主張する「苦難」についての事例を求めている。一方、日本では大蔵大臣が、全国の元オランダ民間人の抑留所長や関係者を集めて、情報収集を行っている。ジャワ軍抑留所本所に勤務した鈴木博史は、大蔵省に呼び出されたことを記憶していた。何のためかよくわからなかったが、当時の収容所の状況についての証言を求められている（一九九七年六月一五日、インタビュー）。

日本は、捕虜や民間人を管理した者の証言を集めて、抑留者の収容が違法でないこと、抑留所の生活は一定の不便はあったが、戦争による被害ではないこと、戦争末期の食糧不足はアメリカの魚雷《ぎょらい》攻撃のせいであることを主張し、オランダ側を怒らせた。一九五五年三月、岡本オランダ特命全権大使は、重光外務大臣にあてて、戦犯釈放は「日蘭間に旧蘭印抑留者に対する補償問題の円満解決」がはかられるなど、何らかの変化がない限り、根本的解決は見込みがないとの見通しを伝えている。この二つの問題はあくまで別ではあるが、補償問題の解決が戦犯問題の解決を促進することは争われない。オランダのルンス外相は「クレーム問題も十年を経たるに今日未だ解決を見おらず」と、露骨に不満の意を表明していたからである（「戦犯問題に関し中央更正保護審査会横溝委員来訪に関する件」、八月一七日極秘電、前掲『本邦人戦犯取扱関係雑件　オランダの部』）。

一九五五年六月、オランダ政府は、代表団の東京への派遣を決めた。補償額についての政治レベルでの交渉が東京で行われたのは、一〇月である。代表団は、日本に、二七五〇万ドルの支払いを要求したが、日本側は八二五万ドルを提示した。アメリカの働きかけで、日本は一〇〇〇万ドル（約三六億円）の支払い案を提示して、ようやく議定書が交わされることになった。同議定書には、「日本国政府は、第二次世界大戦の間に日本国政府の機関がオランダ国民に与えた苦痛に対する同情と遺憾の意を表明するため、一〇〇〇万合衆国ドルに相当する額のスターリング・ポンドを見舞金としてこれらのオランダ国民のためにオランダ王国政府に自発的に提供する」とある（「オランダ国民のある種の私的請求権に関する問題の解決に関する日本国政府とオランダ王国政府との間の議定書」、一九五六年三月一三日署名、六月一日発効）。

日本は一〇〇〇万ドル（三六億円）を支払った。これも一人あたりにすると約九一ドル（三万二七二七円）にすぎない。財産の損失を含めて考えると、あまりにも少なく、元抑留者たちが満足できるものではなかった。しかし、議定書には、今後、オランダは抑留者に与えた苦痛に「いかなる請求も日本国政府に対して提起しないこと」（第三条）が明記されている。

議定書が署名された直後の一九五六年三月二四日、岡本オランダ大使から、「オランダ外務省より、取敢《とりあ》えず二十五名の戦犯に対し仮出所を認める旨、又発表については補償問題解決をリンクせしめざる様呉々《くれぐれ》も注意方連絡があった」と外務省に連絡が入った（「オランダ戦犯仮出所に関する件」、前掲『本邦人戦犯取扱関係雑件　オランダの部』第二巻）。

オランダ関係戦犯の仮出所の動きが活発になる。日本側は、四月三〇日の女王の誕生日にあわせて特赦《とくしゃ》をするように要請した。しかし、特赦には法務省の許可が必要である。また、日本と交わした議定書を目下議会に提出中であり、五月二〇日までに、議員から説明要求がなければ討議せずに成立する。この際、戦犯を釈放することで議会の注意を惹《ひ》くことは避けたい意向であるとの連絡が入っている。議定書が議会を通った。

六、七月には仮出所・釈放者が増え、議定書が締結された八月には、最後の一人が仮出所した。巣鴨のオランダ関係戦犯二一三人が全員仮出所した。これは「さきに円満妥結を見たオランダ国民の私的請求権処理に関する議定書の成立に負う所が大きい」ことは、誰の目にも明らかである（「オランダ関係BC級戦犯全部仮出所により解決の件」前掲『本邦人戦犯取扱関係雑件　オランダの部』第二巻）。

仮出所しても、「戦犯の身分から解放」されたわけではない。死亡または刑期満了まで仮出所者の身分である。保護監督下におかれ、行動の規制もある。融通のきかない杓子《しゃくし》定規《じょうぎ》の保護司も多数いて、この監督下にある仮出所者は、就職勤務に差し支えると、保護監督をすみやかに終止されたいとの要望がでていた。オランダ関係戦犯の最後の一人が刑期満了するのが、一九六三年である。

一方、A級戦犯たちは、服役した期間までに刑期が減刑されていた。そのため一九五八年四月七日までに、刑期が満了して全員、出所していた。

過熱する釈放運動

日本に管理が移った巣鴨刑務所は面会が自由になり、手紙の発信の回数・字数がふえ、食べものを除いては、差し入れが自由になった。管理はゆるやかになったが、（仮）釈放されたわけではない。逆に米軍管理下で進んでいた仮釈放も止まったままだった。オランダのようにまったく事態が動いていない国もあった。日本人刑務官は、「同情」に仕事の拠《よ》りどころをもとめたというが、「同情」では問題は解決しない。川上悍《かわかみたけし》所長の目に映った巣鴨刑務所では、一時、「絶望的な空気が支配的になつてきた。精神的な露出の傾向が、もり上り、激しくなつてきた。内に抑へてゐた感情を、むき出しにして、抵抗の弱いところに打ち当ててくるのである。口論が起き、喧嘩《けんか》騒ぎがもち上り、蜂の巣を突ついたやうな混乱」の状態だった（川上悍「巣鴨プリズン報告書」『文芸春秋』一九五五年二月号）。

戦犯たちの怒りは爆発寸前のところまできていた。しだいに不穏な空気がみなぎり、しばしば暴動の一歩手前までいった。吉田内閣の命とりになるかもしれないとさえいわれた。巣鴨で「全棟大会」が開かれた。膠着《こうちゃく》状態を何とか打開しようとしたのである。会場の「巣鴨劇場」には、在所者九二七名のうち七割ほどが参加、五項目の要求を掲げた。

「十一条破棄要求」「生活環境の確立」「実質的赦免勧告要求」「外部職業補導実施」「自宅服役の実施」

大会は、熱気に包まれ、賛成と支持の激烈な演説が続いた（禾晴道《のぎはるみち》「日本独立後の巣鴨プリズン」『オールネービー』一九八五年四月一五日。一九七八年一二月一三日インタビュー）。

巣鴨の外でも釈放運動が過熱していた。日本の実情をよく知るヘーゲンは、戦犯に関するプロパガンダが二種類ある。一つは単純に戦犯にたいする「同情感」を示すもの、もう一つは「左翼が専《もっぱ》ら戦犯問題を反アメリカ宣伝に使っている」場合と、指摘している。そして *Walled Room*（『壁あつき部屋』）と題する本を取り上げ、巣鴨内で「相当共産主義の宣伝をやっているようだ」から、当局は何らかの措置をとるよう要請している（「土田豊中央更正保護審査会委員長と三人委員会との会談要旨」、前掲『本邦人戦犯取扱関係雑件』）。

土田は、約二〇人ほどの「プロ・コミュニスト」がいるが、その活動はたいして振わないこと、むしろ、在所者の反（吉田）政府的傾向に注意を喚起している。それは、政府が何一つしてくれないと考えている、彼らの不満に由来するものである。また、「続いて反天皇の傾向も随時見出され識者の憂慮を買っている」とも指摘している。さらに「反クラスA」の傾向にもふれている。こうした戦犯の動向に、スノー、ヘーゲンとも極めて興味深く、驚いた風を示したという（「土田NOPA委員長と米側三人委員会との第二回会談要旨」前掲『本邦人戦犯取扱関係雑件』）。

ヘーゲンは日本の情況をよく見ていた。釈放運動は外部からの「同情感」によるものと、戦犯自身の反戦平和の運動としての釈放要求という、二つの動きがあった。「同情感」から出た運動は、何でもいいから「とにかく釈放を！」と要求した。署名では「日本人なら

図14　戦犯・受刑者助命嘆願署名運動
（1952年6月撮影，毎日新聞社提供）

署名しろ」という言葉が飛び出すほどだった。このような「同情感」は、一九五〇年の「戦犯慰問」ブームの中ですでに醸成されていた。一一月、石井漠《ばく》舞踊団の慰問を皮切りに、落語、日舞、漫才、歌謡祭、浪曲、新劇、野球とつぎつぎと慰問が続いた。

日本に管理が移った後は、巣鴨は東京の名所になり、各県人会が幟《のぼり》を立てて「巣鴨《すがも》詣《もうで》」をしている。戦犯への白眼視は、戦争犠牲者視へとかわり、戦犯英雄論まで登場してくる。「スガモから巣鴨へ」」、それは戦犯を見る日本人の視線の変化であり、戦争責任のなし崩し的な解消の過程でもあった。

過熱する釈放運動は、あたかも日本人自身が戦争犯罪の「呪縛《じゅばく》」から解放されるための運動のようだった。一九五二年の戦犯釈放嘆願署名運動では、署名者総数一〇〇〇万人を超えている。こうした盛り上がりにたいして、政府は「わが国民感情は戦犯者を犯罪人とみず、むしろ戦争犠牲者とし多大の同情をよせており、戦犯制度に疑惑をいだくもの次第に増大している」とみている（「戦犯問題の交渉概要と在所者現況」前掲『本邦人戦犯取扱関係雑件六　戦犯者取扱いの現状』）。

全日本華道連盟（会長大谷嬉子裏方）は、三日間で一〇〇万人の署名を集め、「愛の運動中央協議会」は、一五〇一万一〇八七人の署名を集めて、政府に持参している。署名活動は県単位でも行われており、岐阜県の場合、県民一五〇万のうち一〇五万人が署名するという状態だった（数字はいずれも、巣鴨委員会『週報』）。

「戦争受刑者世話会」は、半分、官制ともいえる運動である。一九五二年五月一〇日、六〇〇人を超す発起人で発足したこの団体は、理事長に藤原銀次郎、同代理に正力松太郎《しょうりきまつたろう》・井野碩哉《ひろや》をすえている。世話人のなかには、石原広一郎、岩村通世《みちよ》、岡村寧次《やすじ》、緒方《おがた》竹虎《たけとら》、村田省蔵、宇垣一成《かずしげ》、野村吉三郎、有田八郎、青木一男、鮎川義介《あゆかわよしすけ》、清瀬一郎、重光葵《しげみつまもる》、下村宏、杉道助《みちすけ》ら、戦争中に政界、財界、言論界をリードしてきた人たちが名前を連ねている。四月二四日、講和条約発効の直前に創立総会が開かれた。会の設立趣旨には、「戦争犯罪に就《つい》ては、種々の見解がありましようが、等しく国家の為《た》め戦争に従事し、戦敗という現実によつて生じた一種の犠牲者であり（中略）彼等とその家族は戦争犠牲者援護の対象ともならず、物心両面で極めて同情すべき立場にある（中略）本会は赦免、減刑、海外戦犯の早期内地帰還、戦犯とその家族の救恤《きゅうじゅつ》、慰問、救済を目的とする」とある。

「世話会」は、戦争犯罪人を敗戦による「犠牲者」と定義し、彼らを助ける一大国民運動を目指した。毎年お盆には刑死者遺族に一〇〇〇円（当時米一〇キロ六八〇円）の見舞金を贈っている。

一九五三年六月二五日、大阪では、「戦犯受刑者釈放・処刑者公務死扱実現全国連絡協議会」が開催された。この協議会で、戦犯の「公務死」扱いの要求が出された。大会には高松宮が出席し「この会議が大和民族の発展のために熱心に戦争受刑者の釈放について御討議を願っていることは誠に結構なことであります」と挨拶をしている。「高松宮殿下御来臨の上お言葉を賜りましたこと」に感激した大会参加者は、「手をたずさへて大和民族発展のために、全力を傾注」する覚悟を披露して、閉会している（『戦犯受刑者釈放・処刑者公務死扱　実現全国連絡協議会議事録』〈謄写刷り〉）。

釈放ブームは数年にわたって続いた。一九五二年の夏の衆議院選挙では、各党がこぞって戦犯釈放の問題を取り上げていた。反戦平和の空気が支配的だった巣鴨刑務所の雰囲気と、外部の釈放運動の間には大きな落差があった。BC級戦犯たちが、七年間の苦悩のなかで考え続けてきた戦争責任、戦争裁判への思いを無視したような釈放運動である。だが、こうした運動にも、戦犯釈放委員会G・ヘーゲン前委員長は、「不当である」、平和条約違反であると述べている（『毎日新聞』一九五二年九月六日）。

巣鴨の中では署名運動や釈放運動に、組織的な動きを感じ、彼らに「真の『敵』」を感じていた戦犯たちがいた。巣鴨で反戦平和を模索し続けた若い戦犯たちである。土田豊委員長が「プロ・コミュニスト」と称したグループである。

巣鴨に、反吉田・反再軍備・反A級戦犯の空気が支配的になり、反天皇の空気すらでてきた。

巣鴨の平和運動

「プロ・コミュニスト」

巣鴨には、再軍備と引き替えの釈放に反対する声が出ていた。平和グループともいうべき社会科学の勉強会に集う戦犯たちからである。彼らは朝鮮戦争下ですすむ再軍備に反対していた。

初期のスガモでは、『聖書』や『般若心経《はんにゃしんぎょう》』など、宗教に関係する書や哲学書が読まれていた。死刑を免れた者たちは、文学や社会科学書へと読書の幅を広げ、小説、短歌、俳句と創作に打ち込む者も多かった。死を前に、「だまされた」と、房の壁に向ってつぶやいた友と過ごした戦犯たちは、歴史の流れを見通す力、歴史を正しく推進する智恵と熱情を把握しようと、読書を重ねていた。「戦争―軍隊―戦犯」という、自分たちの置かれた立場から、寝てもさめても戦争の原因を論じあった。生活の心配をしたくてもできない。三食保証されて、読書と論議の時間を十分にもつことのできた彼らは、毎日毎日こうした議論を重ねていたのである。その中からマルクス、レーニンの著作を学ぼうと「社会科学研究会」が生まれた。一九五一年の初めである。

この年の年頭の辞で、マッカーサーが集団安全保障と講和を強調していた。スガモでも「講和の成立によって戦争状態が終結し敗戦国家の責任が償《つぐな》われた暁《あかつき》においては、その責任も亦《また》解消されるべきであらう」（『すがも新聞』一三六号）と論じていた。レッドパージ、警察予備隊の創設、旧軍人三二五〇〇人の追放解除と、再軍備の動きが進むなかで、彼らは「戦争の原因」を論じ「戦争犯罪」を考えていた。「植民地解放」のスローガンに魅せられた過去、「大東亜共栄圏」の虚構はすでに思い知らされてはいたが、理論的に批判しきる力を培《つちか》う必要があった。そのための研究会である。

メンバーが残したメモには、『資本論』『レーニン全集』『日本資本主義発達史』『日本共産党史』『社会主義経済学』『唯物論研究』宮川実編『経済学講座』（全一〇巻）などの書名がある。宮川の『経済学講座』は、勉強会用のテキストだった。これらの文献は、上野図書館から正式に貸し出しを受けていた。当局は、特にチェックもしなかった。治安維持法下でこうした書物を手にできなかった者たちは、貸し出し許可に驚きの念をかくしきれなかった。『レーニン全集』や『資本論』が届いた。スガモでも、これらの図書を問題視する人はいなかった。中国革命に関する本も読まれた。レーニンの『国家と革命』『帝国主義論』を読んで、目からウロコが落ちる思いをした人、朱徳《しゅとく》の伝記に感動した人など研究会のメンバーは、社会科学を学ぶなかで、自分たちの戦争犯罪を考え始めたのである。

「戦争は何故起きるのか」「国家を戦争へ追いやるものは何か」「真の平和と大衆の幸福は如何《いか》にして具現するか」……「私は獄中で真剣に思索探究し、最近それがはっきりとわかりました」こう書いている戦犯もいる。（河上浩「B・C級戦犯とは」理論編集部編『壁あつき部屋』理論社刊）。

はじめて社会科学書を読み、唯物史観を学んだ李鶴来は、「日帝下で、こういう勉強が出来ていたら、私は絶対に日本の軍隊などには行かなかつた」と語る。貧しさから勉強したくてもできなかった者たちが、スガモではじめて学習の時間を手にした。本を読み、講義を聴き、議論する。戦犯の中にはさまざまな専門職がいたので、教師には事欠かなかった。そこから、平和を口で唱えているだけではだめだ、生きのこった者の責任として、何をしなければならないのか。歴史における主体性の議論が始まった。研究会の中心メンバーは二〇人ほどだったが、その周囲には四〇～五〇人の似たような仲間がいた。学習と議論が半年ほど続いた。

グループに一つの転機がおとずれた。『般若心経の再発見』『親鸞《しんらん》——たくましき求道《ぐどう》者《しゃ》』の著者、林田茂雄《はやしだしげお》との出会いである。「獄中六年の独房生活が、どうして私には、苦しくもさびしくもなかったか」、こう書き出すマルクス主義者の仏教書は、スガモで広く読まれていた。佐野学《さのまなぶ》、鍋山貞親《なべやまさだちか》の転向声明（一九三三年六月七日）のあと、獄中の活動家たちがつぎつぎと転向出獄していく、その中で、林田茂雄は少しも不自由を感じなかった。その生き方に戦犯たちは学ぶところがあった。差し入れたのは、スガモのBC級戦犯を物心両面で支援してきた東京平井の医師今井知文《ともふみ》・よし乃夫妻である。

今井は、二代目教誨師《きょうかいし》田島隆純《たかずみ》にBC級戦犯の存在を教えられた。BC級戦犯たちが尊敬している田島に連れられて、スガモを訪れた今井は、衝撃を受けた。死刑囚が「五棟」に収容されていた。それからの今井は、田島を助けて死刑の解消にかけずりまわり、戦犯への慰問、手紙、差し入れも欠かさなかった。上京する戦犯の家族たちの支援もしてきた、「巣鴨の恩人」である。その今井が差し入れた書籍の一冊が『般若心経の再発見』である。この本は井上光晴が『マルクス主義人生読本』と命名して、出したこともあった。

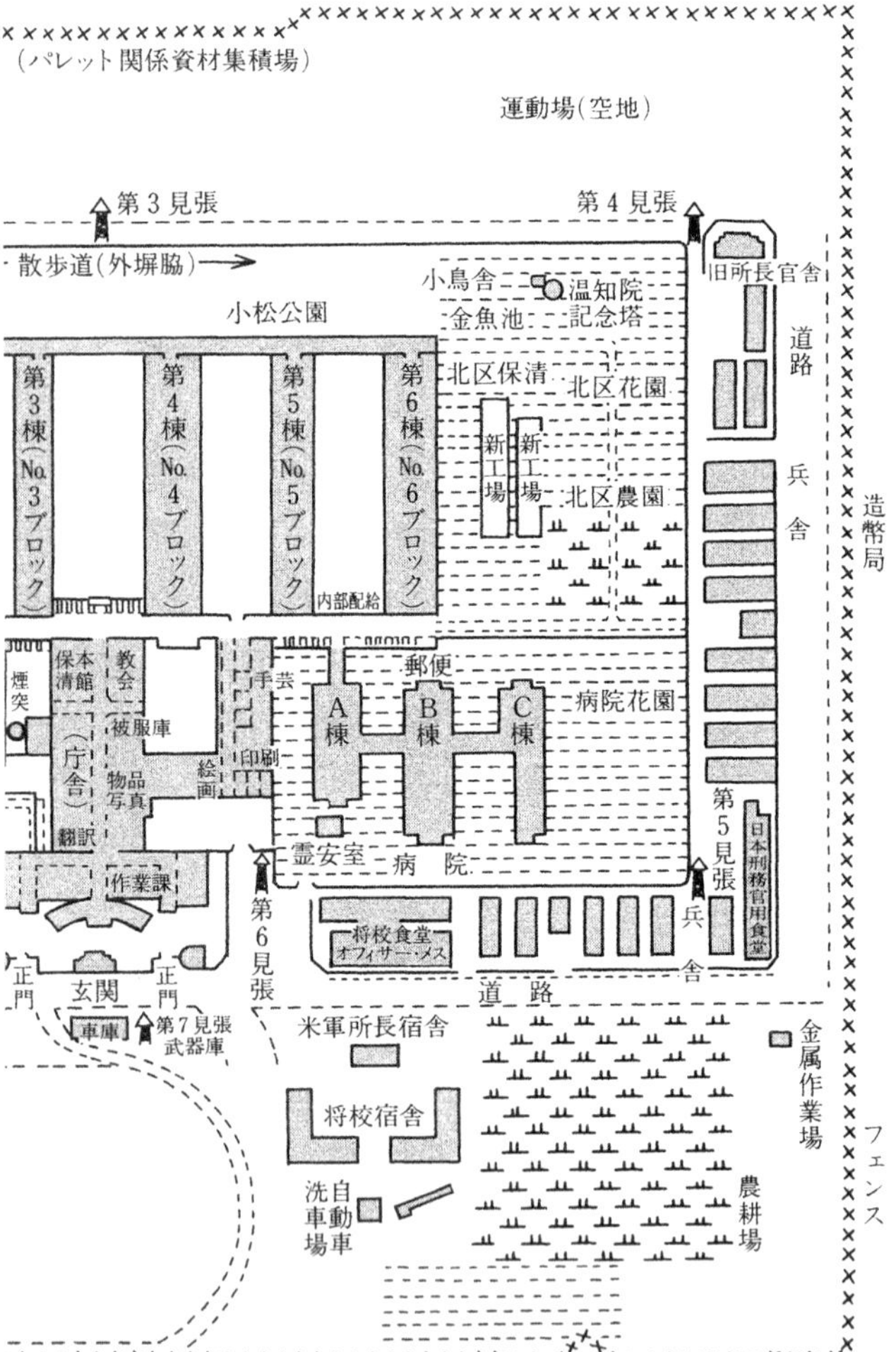

ドキュメント　巣鴨プリズンの遺構に問う』槙書房，1981年）

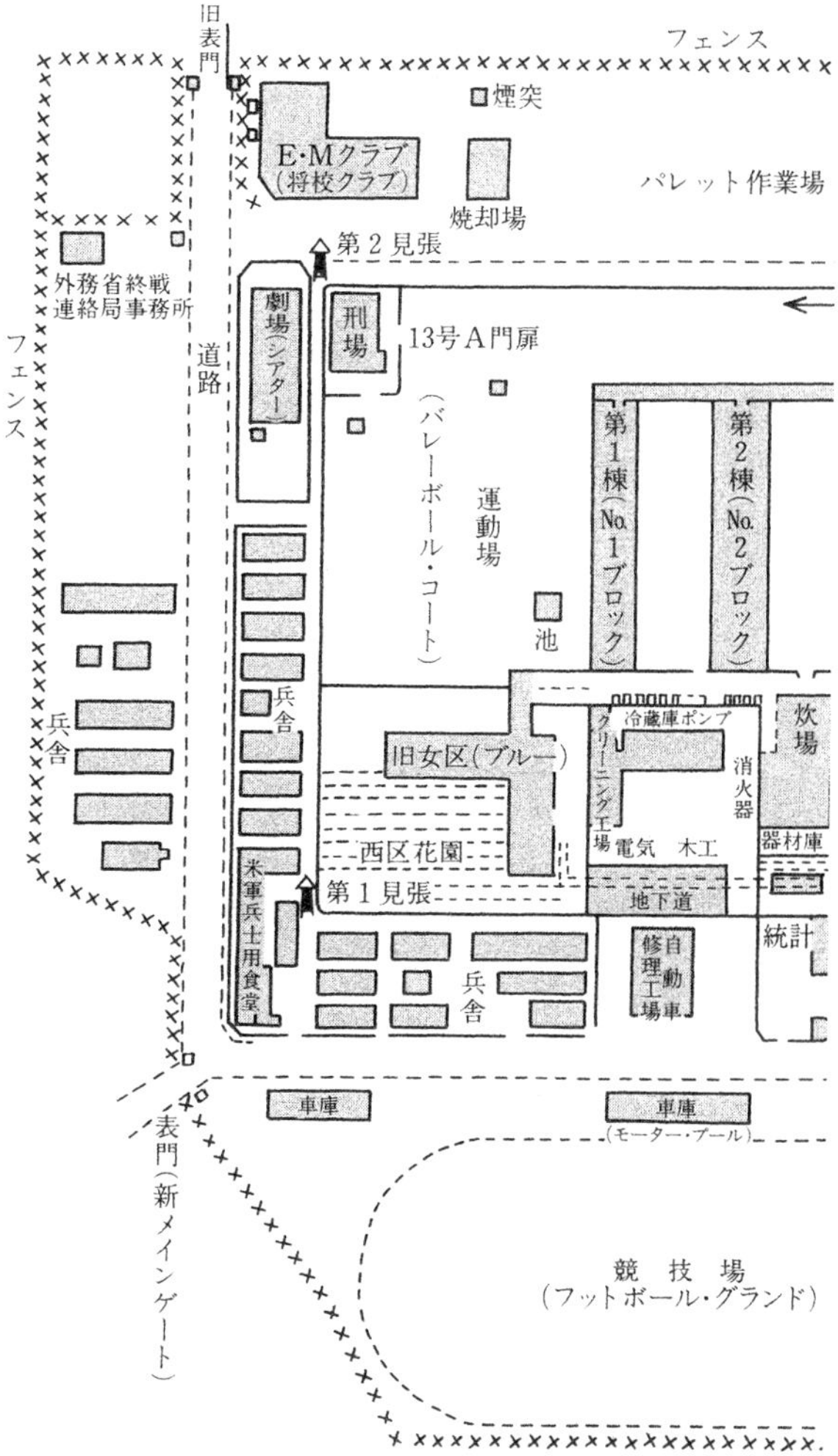

図15　スガモプリズン全図（重松一義編『秘録写真

その後、さきの書名に変えて出版されたのである。

「戦犯たちが著者に会いたがっている」、林田のもとにそんな話が届いた。共産党員である林田だが、今井は「そんなこと、かまやしない」とスガモに同道したのである。反戦平和主義者の今井は、懐《ふところ》の大きな人物である。林田の方が慎重だった。最初の面会では同じく著者に会いたがっていたA級の佐藤賢了《けんりょう》を選んでいる。あくまで著者としての面会だった。林田は、平和グループがあることを知っていた。メンバーの一人が党に連絡したともいう。その名簿も林田のもとに届いていた。新聞で飯田進の投稿も読んでいた。だが、林田自身、BC級戦犯のことはほとんど知らなかった。「スガモにいるヤツは戦争犯罪人だ」ぐらいの考え方しかなかった。当時の共産党もまた似たような認識だったという。

共産党の「民族独立のために全人民諸君に訴《うった》う」（一九五〇年三月二二日）には、「われわれは、軍事的潜在力である細菌戦犯をふくむ一切の戦争犯罪人、公職追放者、その他の反動分子の政治的活動を厳重に禁止するとともに、民主的政治犯の即時釈放を要求する」と、戦争犯罪人の政治活動の禁止を要求していた（『日本共産党綱領問題文献集』日本共産党中央委員会出版局、一九七〇年）。

一九五〇年五月のパンフ「来るべき革命における日本共産党の基本的な任務について

（草案）」では、「細菌戦をはじめとする天皇その他戦犯の追及」を要求している。一九四五年一二月の「人民大会」で、戦犯一六〇〇人をリストアップしていた共産党にとって、戦争犯罪人は追及と活動禁止の対象だった。

朝鮮戦争下の日本共産党第四回全国協議会（四全協、一九五一年二月二三日）で、武装闘争の方針が提起されると、戦争、軍事の専門家と目された戦犯への見方が変わった。軍事方針の強力なメンバーとして戦犯を組織すること、スガモ内部に党細胞を建設するとの方針が出された。林田のスガモ面会はこうした党の方針の中で行われた。林田を今井医師に引き合わせた人物は、スガモの平和グループを思想的理論的に指導して、プリズン細胞を作らせようと考えていた。まず、林田が今井と一緒に面会に赴いた。手続きなどを知り、その後に独自に連絡を取って細胞を確立しようとした。平和グループといっても飯田進、松浦猪佐次、禾《のぎ》晴道、湯浅虎夫、李鶴来など二〇人足らずの勉強会にすぎない。林田は、性急に軍事方針を持ち出すようなことはしないで、着実に積み上げてきた勉強会の指導に徹した（一九八五年五月一六日インタビュー）。

一人で面会に出かけたが、誰と連絡を取っていいかわからない。自分と同じ熊本県水俣町（現水俣市）出身のNに面会を申し込んだ。日本人刑務官は病室で寝ている彼のところへ案内してくれた。「平和組織のことでいろいろ相談にのりたい、話も聞きたい」、林田がこう切りだすと、相手の顔色がさっと変わり、身構えたという。自分が共産党員であること、『般若心経の再発見』について話して、ようやく相手の警戒心が解けた。「平和組織を本当に力のあるものにしたい。スガモの中から平和運動が起こることは、他の運動よりはるかに強力な効果があるから頑張ってほしい」、そんな話をした。数回、スガモに通い、メンバーと面会をした。はじめは、金網越しに、組織の状況を書いた紙切れを渡された。林田も出された疑問に答えたり、組織の欠陥や長所などを指摘したり、こちらの意見や方針を書いて渡した。面会所でこうしたやりとりができるほど、管理は緩やかだった。林田は、唯物弁証法についてわかりやすく話し、系統的な学習の手助けをすることが自分の仕事と考えていた。政治方針は持ち出さなかった。その条件もなかった。日本人刑務官が管理しているといっても、出所が認められているわけではない。面会だけでは、できることは限られていた。林田はグループの成長を外から見つめ、手助けし続けたのである。

日本共産党は、五全協で「日本共産党の当面の要求――新しい綱領（五一年綱領）」を決定した（一九五一年一〇月）。『球根栽培法』の名前で、「われわれは武装の準備と行動を開始しなければならない」（一九五一年一一月）や「中核自衛隊の組織と戦術」（一九五二年二月）を発表していた。武装闘争の方針は、スガモにも伝えられた。『アカハタ』が発行禁止になった後の非合法機関紙『平和と独立』もスガモに入っていた。メンバーは、武装方針をめぐって議論を重ねた。しかし、スガモでは、軍事方針は影響力をもちえなかった。メンバーが共産党と接触をはかったのも、朝鮮戦争に最も強く反対し、反戦平和のために闘っている党への共感からだった。軍事方針に同調できないこともうなずけよう。平和グループの中心メンバーは、日本共産党と連絡をとりながら、自主的な活動方針を決定している。

一〇〇〇人近い戦犯がいるスガモのなかで「浮かず沈まず」、その影響力の行使を考えたのである。方針は、①多くの戦犯たちに平和思想をもたせる②軍国主義の反省ができるようにする③外部へ「再軍備反対、平和を守ろう」との訴えを、あらゆる機会を通じて行う④全体主義思想から民主的個人の自主性の確立へむけて活動する、であった（一九八五年五月一八日付禾晴道書簡）。

方針といってもお互いの行動の確認ぐらいの意味である。これが党の軍事方針と相容れるはずもなかった。林田をひきついだ党の連絡係は、スガモの中に武装闘争を担うグループを結成しようと指導した。出所した者の中には山村工作隊（共産党の軍事組織の末端のひとつとして組織された。東京・三多摩の小河内村に入ったものが代表的なもの）に参加した者もいた。負傷して面会にきたこともあった。中にいても武装闘争の動きはかなり知ることができた。そのなかで独自の方針をだしたのである。

崎原静夫は三人目のオルグ（組織者）である。崎原がスガモに関係したころには、党の軍事組織は壊滅状態だった。方針も、軍事指導と政治指導がバラバラに出てくるような状態だった。もはやスガモどころではなかった。崎原は事情もわからないまま組織を引き受けてくれと言われて、スガモに出かけていった。

一九五二年四月、日本が管理するようになった巣鴨刑務所から、戦犯が「臨時外出」を始めていた。五三年二月には職業補導という名目で所外作業も許可されている。巣鴨の面会所で紙切れをやりとりする必要もない。グループのメンバーが別々に外出して、そば屋の二階、喫茶店などに集まって、党のオルグたちと会っていた。転々と場所をかえて会合を開いた。二番目のオルグはさかんに党の軍事方針を話し、革命情勢の分析や評価をしていた。崎原がオルグに入ったとき、二〇人ぐらいが集団入党した。先に巣鴨の「プロ・コミュニスト」は二〇人ぐらいという土田の報告は、この集団入党数とほぼ一致する。当時は、集団入党など特に珍しくなかった。半年はテスト期間だったが、戦犯でも特に問題にならなかった。巣鴨の組織は、中央の軍事委員会に属していたため、戦犯も入党が認められたのである。(一九五五年七月、共産党、第六回全国協議会〔六全協〕で、軍事方針は否定された。都委員会に属していた崎原は組織ごと除名処分になっている。一九八五年七月二七日、インタビュー)。

巣鴨に細胞はできたが行動は限られていた。その一つが、戦犯による反戦平和の運動である。林田が育てたいと思っていたグループは、着実に力をつけていた。勉強会や情勢分析という地味な活動の成果が、所外への投稿や働きかけとして、実を結んでいった。平和グループにかぎらず多くの戦犯たちはさかんに所外へ投稿を行った。創作や評論や投書、ときには座談会など、戦犯たちの多様な「声」が、メディアに登場するようになった。

再軍備の引き替え切符ではない

一編の投稿が巣鴨をゆさぶった。『世界』(一九五二年一〇月号)の一戦犯者の投稿「私達は再軍備の引換え切符ではない――戦犯釈放運動の意味について――」である。匿名《とくめい》の投書に外部から筆者探しの圧力がかかった。大佐クラスの元将校が熱心に犯人探しを行ったことから、騒ぎが大きくなった。筆者と疑われた平和グループのメンバーがリンチにあいそうになった。投稿の内容について正確な知識もないまま、騒ぎだけが拡大し、思想チェックが行われたのである。当然、平和グループの活動に眼が向けられた。誰が書いたかではなく、何が書かれているのか、まず内容を検討しようという声があがり、『世界』一九冊が買い求められた。各フロアーで一冊、それに当局に一冊配られた。フロアーごとに朗読された。投稿文は、長文であるが、その内容は巣鴨の外で展開されている釈放運動、そのひとつひとつを検討し、問題点や胡散臭《うさんくさ》さを指摘するものだった。釈放運動は、「戦犯自身の利益とは寧《むし》ろ一致せず、私達が巧みに利用されている」と感じ、「一部の顔役的人物のやっている釈放運動」や「愛の運動」「戦争受刑者世話会」の運動、国会議員の動きなどを批判していた。投稿者は「私達が欲するのは、人道的見地を楯《たて》にとった、他からきり離して戦犯釈放だけを対象とした、死の商人達の運動のおかげで釈放されることではない」と言い、つぎのように結んでいる。

私達が望むのは、祖国がそのすべての旧交戦国と友誼《ゆうぎ》的な平和条約を結び、植民地の圧政から独立し、平和を愛する諸国民の寛大な取りはからいによって、私達が戦争に協力した道徳上の罪を許され、暖かい日本国民の懐に帰り、平和愛好の国民の一員として祖国の独立と平和とを守り、以《も》って人類の幸福に貢献し得る機会を与えられることである。

投稿の内容は平和グループが主張してきたものだった。戦犯にたいする厳しい世論がうずまくアメリカやイギリス、オーストラリア、特にオランダのことを考えると、投稿の内容は観念的とも思えるが、「一戦犯者」は、再軍備と引き替えではない釈放、これを強調したかったのである。巣鴨の反応は冷静だった。言葉に穏当を欠くところが若干あるものの、論旨には問題ない、これが大方の意見だった。また、筆者探しの圧力は、言論の自由への弾圧である、言論には言論で対応すべきであり、筆者探しは中止せよとの平和グループの主張も、支持された。外部の圧力を受けて動いた旧職業軍人たちにかわり、平和グループが所内の支持を得はじめた。

外部から圧力をかけたのは笹川良一《ささがわりょういち》との意見がある。「巣鴨委員会」が発行する『週報』第一二号（一九五二年九月二〇日）に、「九月十九日（金）。笹川良一氏来所全棟世話係（委員約十五名も同席）雑誌『世界』の記事を中心に懇談」とある。笹川は、それ以前の九月九日にも来所し、委員一二名と懇談している。おそらくこの時に「犯人探し」が暗示か指示されたのではないだろうか。『週報』第一二号は、『世界』の投稿文への反発記事で埋められている。反論は、「現在行われている釈放運動について善意ある人々の真意まで傷つけたという印象は拭い去ることは出来ない。釈放運動の凡《すべ》てが再軍備に結びついたものであるかの如《ごと》き断定がどうして生れて来るのかその根拠も極めてアイマイである」と指摘する。しかし、内容への批判はない。

投稿事件は、巣鴨の内部に存在していた対立を顕在化させた。旧軍人を中心とした高級将校のグループと、下級兵士・応召《おうしょう》将校らによる平和グループ＋シンパサイザーという構図である。所内は、「戦争はもうごめんだ」との空気が強かったが、右にも左にも偏らない「健全な人間的反省」をもとめた中年が大勢だったという（吉浦前掲書）。その中年も含めて、戦犯を見捨てた吉田首相への反発は、政府が心配するほど強かった。「反吉田内閣」――これが思想心情を超えた巣鴨の共通の空気となっていた。

事件をきっかけに、平和グループは、さらに積極的な発言を始めた。すでに、メーデー事件、吹田《すいた》事件、枚方《ひらかた》事件と、権力と人民との衝突が起きていた。一九五二年七月二一日には破壊活動防止法が公布されている。保安隊の発足（一九五二年一〇月一五日）に先立って、警察予備隊が幹部増強のため旧日本軍の元大佐ら二三六人を採用している。旧軍人が新たな戦力として期待される時代になっていた。こうした「新国軍」の誕生と軌を一にするように、戦犯の釈放運動が拡大していたのである。『世界』への投稿は、その危機感でもあった。

影響力をもつ言論機関への投稿を通して、再軍備反対の意志を示そうと平和グループの戦犯たちが投稿を続けた。これまでも、一九五二年六月一八日付『朝日新聞』の「天声人語」には、「巣鴨のBC級戦犯数氏から筆者に送られて来た手紙によると」と、一部右翼の政治運動に利用され、再軍備や軍国主義と結びつけられる傾向のある釈放運動に反対し、平和を愛する大衆のヒューマニズムによって釈放されることのみを希《こいねが》うとの意見が紹介されていた。『毎日新聞』の「余録」欄にも、「筆者は巣鴨刑務所のB、C級戦犯から多数の手紙をもらっているが」と、そのうちの二つの趣旨を紹介していた（一九五二年八月七日付）。戦犯たちは発言を続けた。『毎日新聞』「投書」欄の「再軍備と戦犯」（一九五二年八月一五日）、『読売新聞』の「気流」欄の「政治的巣鴨慰問」の投書（八月一七日）、『日本週報』（一九五二年七月一日号）には「逆コースの釈放運動を排す」という匿名の文章が載っている。再軍備に反対する投稿が、あらゆる機会をとらえて行われていた。巣鴨から読まれるのかわからない編集者への手紙を書き続けた。そこには、日常生活をもち得ない、触覚だけが肥大化した戦犯たちの、強い危機感があった。

『信友』と題するキリスト教グループの所内誌を出し続けた中田善秋も「巣鴨言論人」の一人である。カナダ生まれの神学生中田は、翻訳班の一員だった。クリスチャンの中田も発信している。裁判の実情や七年間の思索と自己変革の過程を、投稿という形で現してきたのである。

短い投稿文では書ききれない思いを、手記という形で発行しようという声があがった。すでに『すがも新聞』や『戦犯裁判の実相』と同じように、ガリ版刷りの『試練のアルバム』や句集や版画集など、つぎつぎと出されていた。どれも戦犯の中での回覧紙誌の域をでなかった。外に向けて手記の出版が計画された。『すがも新聞』の編集に関係した人たちが中心になって『われ死ぬべしや――ＢＣ級戦犯者の手記』が刊行された。朝鮮戦争が戦犯裁判の意義をまったく消し去ってしまった、その怒りを基調に、ＢＣ級裁判の「実情」を描いていた。しかし、過去の自分の行為を記録し、戦争犯罪を見つめ、反省する視点は希薄だった。それに物足りなさを感じた平和グループの仲間たちが、本格的な手記の発表を計画したのである。中心になったのは加藤哲太郎である。先の巣鴨を揺るがした『世界』への投稿者だった。もう一人は、同じく『世界』に羽仁五郎《はにごろう》への手紙を送った飯田進である。

『壁あつき部屋』

加藤たちが手記を準備しているときに、別な手記集が計画され、これが一足早く出版された『壁あつき部屋―巣鴨ＢＣ級戦犯の人生記』である。平和グループの飯田や松浦などが中心になって手記を集めた。戦犯裁判、日本の軍隊、帝国主義戦争、植民地支配への批判の視点がはっきり打ち出されており、「巣鴨での反省」が綴《つづ》られている。ヘーゲンが「相当共産主義の宣伝をやっているようだ」からと、何らかの措置をとるように要請した根拠がこの *Walled Room* である。アメリカの神経を逆《さか》なでしたと思われる手記に、戦争裁判のやり直しを主張したものがある。一切の外国権力の干渉を排し、日本国民の手によって、日本国民の名において、厳正公平に行わるべきだとの主張である。その時こそ、誰が真の戦犯者であるか明らかになり、戦争責任を回避して、アメリカ帝国主義の手先になって、再び日本を戦争への途に駆りたてようとしている者の正体が暴露される、と述べている。

国民による戦争裁判への要求は、彼らの間に根強くあった。A級やBC級に戦争責任を押しつけ、自らを免罪してきた日本人一人一人に、戦争責任を考えさせる契機になる、それが戦争犯罪の実情を知らせるよい機会であり、「真の戦犯」の追及に必要だと、考えていたのである。

『壁あつき部屋』は、七夕《たなばた》の笹竹に吊した短冊《たんざく》という形で、戦犯たちの気持を伝えている。「吉田首相を流せ天の川」「再軍備と引かえの釈放はいやだ」「学生よ　流す血を惜し

むな　戦犯を逃れる途はそれだけだ」。天皇への反感を詠んだ短冊もあった。

短冊を紹介したり、短歌や読みやすい文章で構成されたこの手記集は、飯田たちが中心となって集めた原稿に、林田が手を入れ、それを再度、筆者にもどし、また、手を入れる、このような形でまとめられたと、林田は話している。日本社会が、BC級戦犯のことをほとんど知らないことを考えての作業である。そのうえで、なるべく多くの読者に読んでほしいと、林田は臼井吉見《うすいよしみ》のところに原稿を持ち込んだ。筑摩書房で出したかったが、断られた。結局、理論社が、柳田謙十郎《やなぎだけんじゅうろう》、飯塚浩二、野間宏《のまひろし》の文章をつけて出版した。タイトルは大槻隆《おおつきたかし》の短歌からとっている。

つきつめて　おのれにかえるかなしみを
放つにせまき　壁あつき部屋

一度詠むと忘れられない歌である。

『壁あつき部屋―巣鴨BC級戦犯の人生記』はヘーゲンによれば「左翼思想」の持ち主の手記集ということになるのだろうが、平和の問題が大きな関心を呼んでいた時代である。反響を呼び、すぐに再版になった。映画化も決まった。監督小林正樹、構成安部公房《こうぼう》、脚本安部公房・浜良吉の作品である。

脚本を担当した安部は、一九五三年二月、寒風の吹く午後、巣鴨を訪れている。日本人刑務官は、安部が意外に思ったほど腰が低かった。建物に入るとムッとするほど暖かい。面会用紙に住所と氏名を書き、面会する者の氏名と関係を書く。面会場は銀行の窓口のようだった。面会時間に制限はなかった。あまりにも民主化されている巣鴨に、安部はしだいに混乱し、わけがわからなくなってきた。そこで彼が達した結論は、「再軍備を強行しようとするものに、戦犯を裁く意志があるはずはないのだ」と、理解したのである。手記を読んだとはいえ、安部にはまだ、常識的な戦犯への考え方しかなかった。これまでの巣鴨も知らない。手記を寄せた戦犯たちと面会を重ねるなかで、安部の戦犯にたいする考え方が変わっていった。戦犯たちは、アメリカ人を「アメ公」とののしりの言葉を日常語として使っており、吉田政府にたいする反感は絶対的なものであった。また、問われている罪状より自分たちがひどく扱われていると感じていた。「奴らの方がよっぽど戦犯じゃないか」、こう公言する者さえいたという。安部は、処刑に臨む戦犯の態度の変化を聞いている。一九四六〜四七年の間に処刑された者は、こうぜんと「天皇万歳」をさけび、「海行かば」を歌って死んでいった。四八年になると虚無感がとってかわった。処刑は沈黙のうちに行われ、ある者は「皆さん、さようなら」と怨《うら》みをこめて言い、中には死にたくないと絶叫しながら抵抗する者さえいた。面会した戦犯の中には、刑死した仲間の遺体を埋めてきた松浦のような人もいた。彼らには、再軍備を進める政府も、そのお先棒をかつぐ元の軍人たちも許せなかった、安部はこうした話も聞いている。

釈放運動の中心が「保守勢力にしめられている」ことを知っていた安部は、巣鴨の中に誰よりもよく戦争の意味を知り、平和の意味を知り、戦争にたいする憎しみを知っている者がいることなど、考えてもみなかった。「ここにこそ真の平和主義者がいた」と、安部は書いている。七夕の短冊も紹介していた。この中に「ヒロヒトを逆さまにして吊したい」という句がある。笹竹に吊されたこの句が、戦犯たちの沈黙を解いた。それまで、このような形で、天皇にたいする感情を公然と表出することはなかった。この一句が戦犯を呪縛から解放したのか、それからはニュースに天皇がでると、いっせいに罵《ののし》りの声が起こったという。巣鴨が変わった。

釈放運動の先頭に立てなかった平和運動は、常識の前に膝《ひざ》を折った主観的なあやまちをおかしていた、安部はそれに気づいた。巣鴨の外にいるわれわれが「無関心の壁をうち破ってBC級受刑者たちと手を結ばなければならない。BC級受刑者の釈放運動は、本来平和運動であったのだ。しかも強力な平和運動だった。これを孤立させるべきではない」、こう思い描いた。一人一人の戦犯の言葉に激しく感動したが、なかでもB29搭乗員の首を切った戦犯の言葉に動かされている。

「命令だったとはいえ、私はいま有罪を肯定しています。しかしそれは戦争犯罪じゃない。あのとき勇気をもたなかったという罪なのです。その罪をつぐなうために、私は平和運動に命をなげだして、てってい的に真の戦争犯罪人を追及する以外にないと思っています」。

安部はこの戦犯の名を記していないが、死刑棟（五棟）から減刑されて出てきた冬至健太郎であろう。安部はここに歴史が一人の人間の中を通過する、その必然性の偉大な姿を見たと、文章を結んでいる（『改造』一九五三年四月号）。

戦犯たちの言葉だけでなく、その生き様に感動した安部公房が、脚本を書いた。小林監督や制作スタッフも、飯田たちの案内で刑務所を見て回った。こうして制作者と戦犯たちの共同制作ともいうべき映画「壁あつき部屋」が完成した。しかし、内容が反米的であるという理由で、三年近くお蔵入りになっている。

一年遅れで『あれから七年―学徒戦犯の獄中からの手紙』が出版された。手記はいずれも匿名《とくめい》で、履歴も一部変えてある。「民主的」になったとはいえ、身柄は裁判国の管理下にあり、ヘーゲンたちは巣鴨の動向を見ていた。裁判へのきびしい視点と自らの戦争犯罪を書くために、筆名が使われた。

「私は貝になりたい」

アジアの民衆の「憎しみにみちみちた眼」を前にして、日本の軍隊が、「その憎しみに価することを、知らねばならなかった」と書いた戦犯は、「鉄鎖《てっさ》の民」を解放する戦争とは何だったのか、と自問する。侵略戦争としての「大東亜《だいとうあ》戦争」の実態を書き込んだ手記もある。常識的な戦犯という見方からは、考えられない手記を収録した二冊目の本が刊行された。亀井勝一郎は、『壁あつき部屋』と『あれから七年』を読み終わって、「この隠された深い悲劇に、改めて眼をひらかれた思ひでゐた」。巣鴨を訪ねる機会を得た。病気の友人の見舞いである。

亀井もまた戦犯との面会で衝撃を受けている。亀井は「日華事変から大東亜戦争に至るまで私はそれを肯定してきたものであり協力者である」、このような過去をもつ自分が、誰をも責める資格はないと思いながら、二冊の手記を寄せた著者たちに面会している。戦犯たちは、裁判を一方的な報復だとも語らず、「もつと謙虚に考へてゐた」。絞首刑の判決、数年に及ぶ獄中生活が「あらゆる弁明をかみしめた後の、或は考へぬいた後の、平静な言葉を彼らにもたらしたやうである。この謙虚さの上に立つて、それが怒りの言葉に変はつてゆく」、そこに亀井は耳を傾けた。

「怒り」は、責任逃れをした悪質な参謀将校へも向けられていた。なかでも特にひどいのは辻政信《つじまさのぶ》、期せずして皆が答えた。責任感をもった潔癖《けつぺき》な軍人は、という問いに、「唯《ただ》ひとり、殆《ほと》んど例外として海軍大佐の白水洋大佐がゐました」、これも居合わせた者の共通の回答だった。戦争犯罪人たちの尊敬に値する将校がたった一人しかいない……。亀井は戦犯たちに「あらはれた政治性は、非人間性をくぐつてきた人々の、人間恢復《かいふく》の声そのものである」と感じ取っている。一生かかっても語りつくすことのできない感無量の思いが彼らにはあるはずだ。それはただ個々人だけでなく、そのうちに、戦死したり刑死した多くの同僚の怨みが宿っているはずだ。亀井は、戦犯たちが恨みをのんで倒れた人びとの亡霊を背負っていることも感じていた。

亀井が最も印象に残った手記は、松浦猪佐次が福島貫一の筆名で書いた「ご遺族に」と題する、アンボンでの体験を記した文章である。

もうひとつ、亀井がしばらく眼をはなせなかった遺書、それが「私は貝になりたいと思います」の一節がある「狂える戦犯死刑囚」である。加藤哲太郎が志村郁夫の筆名で書いた手記は、「私は貝になりたい」のフレイズがあまりにも有名になったが、この前段にはつぎのような一節がある。

天皇は、私を助けてくれなかった。私は天皇陛下の命令として、どんな嫌な命令でも忠実に守ってきた。そして日頃から常に御勅諭《ごちょくゆ》の精神を、私の精神としようと努力した。私は一度として、軍務をなまけたことはない。そして曹長《そうちょう》になった。天皇陛下よ、なぜ私を助けてくれなかったのですか。きっとあなたは、私たちがどんなに苦しんでいるか、ご存じなかったのでしょう。そうだと信じたいのです。だが、もう、私には何もかも信じられなくなりました。耐えがたきを耐え、忍びがたきを忍べということは、私に死ねということなのですか？　私は殺されます。そのことは、きまりました。私は死ぬまで陛下の命令を守ったわけです。ですから、もう貸し借りはありません。だいたい、あなたからお借りしたものは、支那《シナ》の最前線でいただいた七八本の煙草と、野戦病院でもらったお菓子だけでした。ずいぶん高価な煙草でした。私は私の命と、長いあいだの苦しみを払いました。ですから、どんなうまい言葉を使ったって、もうだまされません。あなたとの貸し借りはチョンチョンです。あなたに借りはありません。もし私が、こんど日本人に生まれかわったとしても、決して、あなたの思うとおりにはなりません。二度と兵隊にはなりません。

けれど、こんど生まれかわるならば、私は日本人になりたくありません。いや、私は人間になりたくありません。牛や馬にも生まれません、人間にいじめられますから。どうしても生まれかわらねばならないのなら、私は貝になりたいと思います。貝ならば海の深い岩にへバリついて何の心配もありませんから。何も知らないから、悲しくも嬉しくもないし、痛くも痒《かゆ》くもありません。頭が痛くなることもないし、兵隊にとられることもない。戦争もない。妻や子供を心配することもないし、どうしても生まれかわらなければならないのなら、私は貝に生まれるつもりです。

自分を縛ってきた天皇への決別、日本人であることへの絶望にみちた文章、その結末が生まれかわったら貝になりたいという。亀井は「貝」に生まれかわりたいと思いつくなど、尋常《じんじょう》なことではない。これほど痛切な絶望の言葉はないと、衝撃を受けていた（「文明よ、さやうなら—巣鴨BC級戦犯の訴え」『群像』一九五三年五月号）。

加藤の手記は、橋本忍《しのぶ》の目にもとまった。黒澤明作品の脚本を書いてきた橋本は、先の二冊の手記集や『世紀の遺書』を読んで、「私は貝になりたい」の脚本を書き上げた。

図16 「私は貝になりたい」の一場面
（昭和33年放送，主演：フランキー堺，TBS提供）

加藤の手記などを元に構成された脚本である。作品では、一人の小心な床屋を主人公にしていた。小学校を卒業し、床屋の丁稚《でっち》小僧《こぞう》として、こづかれ馬鹿にされながら仕事を覚え、ようやく独立して所帯ももった。子供もできて、これからという時に赤紙（旧日本軍の召集令状）である。初年兵として上官にいじめられ、命令でアメリカ人捕虜を刺した。復員後は、多少、闇などやりながら小金《こがね》をためて、いずれは店を大きくしたい、そんな希望も持ち始めた時に、戦犯として逮捕された。「何で俺が」、どう考えても納得がいかない。「命令だった」というのは裁判では通らない。問われたのは個人の行為である。上官は責任のがれをする。死刑を前にたどたどしく書く遺書、主人公が最後にたどりついたのが、海の底にへばりついて人間にいじめられない、「貝」になりたいという願いだった。フランキー堺の演じる主人公が、遺書の朗読が流れる中を、一歩一歩一三階段をのぼっていく。

戦争中は、何とか自分だけは赤紙から逃れたいと心密《ひそ》かに願いながら、表面は戦争に協力している。戦後は闇もやって小金を稼ぐ。ちょっとこすく、えげつないところもあるが、根は小心で人の良い主人公、そんな庶民がなぜ、戦争犯罪人などというおどろおどろしい名前で処刑されなければならないのか。主人公は、どこにでもいるあたりまえの庶民である。それだけに、戦犯裁判による理不尽《りふじん》な死が、切実感をもって受けとめられた。滂沱《ぼうだ》の涙を流した人も多かったのではないのか。

この作品は、BC級戦犯の問題を多くの人に訴えた。日本軍の被害者であり、戦争裁判の犠牲者という、BC級戦犯の一つの典型を描き出した。また、日本の戦争責任を誰がとったのか、問題を投げかけたのである。創成期のテレビという媒体でオンエアーされ、茶の間にBC級戦犯の問題をもちこんだ。被害者としてのBC級戦犯像を定着させた。そこには松浦たちが描いたアジアへの加害の視点が欠落していた。また、「命令だったとはいえ、私はいま有罪を肯定しています。しかしそれは戦争犯罪じゃない。あのとき勇気をもたなかったという罪なのです」と語る、自分の行為を直視した平和グループの視点も欠いていた（演出の岡本愛彦によると、このフィルムもまた反米的であると、制作が中止されそうになったという。一九八五年六月八日インタビュー）。

映像が巣鴨のイメージを変えた。A級とBC級の違いも知られるようになった。二冊の手記集は「ノーモア・スガモ」を叫び、再軍備に反対している戦犯の存在を明らかにした。巣鴨と外部の平和運動との結びつきも生まれた。

中田善秋が発行している『燭台』（一九五二年九月二日創刊）の二号三面には、横幅いっぱいに『きけわだつみの声』の言葉が引用されている。

私は限りなく祖国を愛するけれど　愛すべき祖国を持たない、
深淵《しんえん》をのぞいた魂にとっては

戦犯もまた別な意味で「深淵」をのぞいていた。そうした共感から「わだつみ会」の大会へメッセージを送っている。「平和国民大会」への長文のアッピールも送った。一九五三年一二月一四日の平和国民大会へのアッピールではつぎのように訴えた。

今日、私達は次のように確信しています。即ち私達の釈放は祖国の釈放なくしては考えられず、祖国の独立と自由の恢復《かいふく》こそが、私達の釈放の唯一の条件であること、（略）そして、巣鴨が軍国主義復活の拠点としてではなく、平和のための拠点として転換をとげる時、私たちは真に過去の誤謬《ごびゅう》をつぐない、（略）皆様方の仲間入りが許される資格と条件を獲得することもできましょう。（「鉄鎖の身を平和のために―平和国民大会にささぐ―」）

また、沖縄の伊江島で土地取りあげに反対して闘っている人たちに、慰問品を送っている。鉛筆、便せんなど巣鴨で手にした品物を反米闘争への連帯の意志を込めて送ったのである（『沖縄タイムス』一九五五年六月一日。同紙は鳥山敦氏の調査で明らかになった）。

命令を拒否する勇気

巣鴨を平和のための拠点することがむずかしくなってきた。外出の自由と引き替えに生活の不安が戦犯たちをおびやかし始めた。一〇年以上の空白が、彼らの社会復帰を困難にしている現実が見えてきた。再軍備反対・平和擁護の運動より、職さがしが切実な問題となり、生活権擁護の運動に力が入れられ始めた。平和グループは、反戦平和、生活権擁護をともに訴えて、巣鴨の中の宗教者のグループ、県人会、朝鮮人会などと共同行動をはかろうと努力を続けていた。しかし、浮足《うきあし》だった戦犯たちの流れをおしとどめることは、難しかった。釈放を待たずに、家族をかかえる

巣鴨の戰犯達が沖縄を激励

配給品を出し合って

伊江島へ眞心の贈り物

【東京支局】本土における"沖縄問題"は巣鴨のB、C級戦犯と呼ばれる人達をもゆり動かし、世間から責められる境遇にあるこの人達が逆に沖縄の人達を励ます激励の手紙と真心のこもった品物を送ったという話…

○…巣鴨には目下六百余名の人達が生活している。沖縄問題が本土の新聞、雑誌によって報道されたのに強く心を打たれたこの人達の中から飯田進（三三才、オランダ関係戦犯二十年）、松浦猪佐次（三六才、オランダ、無期）、中田善秋（三六才、アメリカ、無期）、竹村昌己（四十才、二十年）、広村繁栄（三二才、イギリス二十年）、千間貞夫（四十才、アメリカ、無期）、佐藤武（三五才、オランダ、無期）の七氏が発起人となって「沖縄の人々が巣鴨の中からも慰問の品々と手紙が贈られたということを知るとき、どんなに驚き、喜び、力づけられるだろう」と去る四月二十五日頃から所内の各所にビラを張り日常配給される傷薬、鉛筆、石けんなどのカンパを呼びかけた所、不自由な生活を送っているにも拘らず、一つ、二つと品々が贈られ一月足らずで立派に実を結んだ。この品々を二つの包に分け、一つは政府救済者へ、もう一つは「沖縄の皆さまへ」の激励の手紙と共に五月二十日国民救援会を通して伊江島の人々へ送ることとなった。

○…記者が巣鴨プリズンを訪れた時は丁度三十六名の戦犯釈放の日だった。千間氏ら六名の発起人の人々は口々に「沖縄の人達の苦しみは、私達に実感としてよくわかるような気がします…」という。世を代表して伊藤氏が「終戦以来講和条約発効後自身特別な苦しみを味って来たので、自分自身の体験から新聞、雑誌を読んで沖縄の同胞の苦しい立場がよくわかる。そこで私達が僅少ではあるが品物をおくり、又激励の手紙を送る事によって沖縄現地の人達が元気づけられ、これによって結局が実現へ向って少しでも促進されることになれば幸です」と語っていた。

写真は右から（立っている人）伊藤、広村、竹村、松浦、（座っている人）千間、佐藤の各氏

図17　沖縄タイムス
（1955年6月1日）

図18　陳情小屋前
東京巣鴨刑務所
BC級戦犯よりの
慰問品（阿波根昌鴻
著『写真記録　人間
の住んでいる島』1982
年より）

者たちが、外部での就職探しに奔走し始めた。巣鴨は夜だけの宿舎となり、それもしだいに外泊者が増加し、釈放者も増えていく。巣鴨刑務所には閑散とした空気が漂い始めた。

一九五三年七月五日には、職業安定所が所外就職の斡旋《あっせん》を始めた。釈放、仮釈放もあいついだ。一九五六年には一二一人にまで減少した。在所者が少なくなるなかで、活動はしだいに停滞していった。メンバーのうちの何人かは方針転換後の日本共産党に入党した。入党にあたって「軍国主義者のスパイではないか」と疑われ、入党の候補期間も労働者の場合に比べて、二倍も三倍も長かった。そして、第八回党大会では、「連合国の戦犯裁判で有罪判決を受けた戦犯は、それまで入党して活動を続けていた者は除き、入党させない内規が出来た」のである。すでに入党し活動を続けていた者も、六全協後は、「質はちがうが、第二回目の敗戦時の戦争責任追及のようなものを体験させられた」。再度、入党届を出すよう要請され、結局それも中央委員会で拒否されている（禾《のぎ》晴道、一九八五年五月九日付書簡）。

朝鮮人で入党していた者もまた、呼び出されて、似たような体験をした。朝鮮人党員の中には、朝鮮民主主義人民共和国へ帰国した者もいる。軍属で戦犯だった者は、日帝協力者として、困難な立場に立たされたのではないのか、古着でも何でもいいから送ってくれとの手紙が一度届いた後、連絡も途絶えた。韓国へ帰った党員も、反共体制の中で、二つの過去を隠して生きなければならない。消息もはっきりしない。

平和グループに集まった戦犯たちは、天皇の軍隊の中で「奴隷」として侵略戦争にかり出された兵士たちが、「幾千万、幾億のアジアの民衆に、殺戮《さつりく》と荒廃をもたらした」ことを語った。BC級戦犯の戦争責任の主たる対象が、アジアの民衆にあることも訴えた。天皇や財閥の責任がまったく裁かれていないこと、軍隊の中で権限をもち、戦争を指導していった将校、とりわけ参謀たちが、戦後も温存されていること、下級者にその責任を転嫁《てんか》させた裁判では、「真の戦犯」は裁けないこと、国民の手による戦争裁判が必要であることも訴えた。戦争を「具体的に、個別的に、歴史的に、体験的に示さなければならない」こと、戦争に参加した者が、一人一人戦争犯罪を体験として語ることによって、侵略戦争のもつ犯罪性が明らかになり、平和運動への力になりうることも訴えた。

だが、「みずからの犯した誤りを、本来の実践を通じて克服せん」と志した平和グループは、釈放と生活難に直面して、その活動も維持できなくなっていた。巣鴨という空間で繰り広げられた反戦平和の活動は、釈放とともに、日本社会に拡散していった。

一人一人の新たな人生が始まった。松浦猪佐次は一生、労働運動に情熱を注いだ。禾晴道は共産党員として活動し、自らの戦争犯罪を描き続けた。飯田進はサリドマイド児の親として裁判闘争を担い、福祉事業に一生をかけた。李鶴来は日本軍に使い捨てにされた朝鮮人・韓国人戦犯の補償を求める運動を今も続けている。（内海愛子『朝鮮人BC級戦犯の記録』勁草書房、一九八二年）。

BC級裁判は、われわれに「違法な命令を拒否できますか」と問いかける。「あのとき勇気をもたなかったという罪」を引き受けた戦犯、では、どうしたら勇気をもてるのだろうか。BC級裁判の記録には積極的に戦争に荷担《かたん》した者だけでなく、かり出され、命令を拒否することもできず、ずるずると戦争にかかわり続けた普通の人たちの行動も記録されている。その数二二四四件。「組織の中でどう生きるのか」、「命令とは何か」、「違法な命令を拒否できるのか」、BC級戦犯の問題は過去の問題ではない。かつての戦犯たちが問われた問題に、今また私たちは直面している。

一九四五年一一月に、スガモプリズンが開所してから一二年七ヵ月、一九五八年一二月にすべての戦犯が「戦犯の身分」から解放され、巣鴨刑務所は閉鎖された。

あとがき

シンガポールのチャンギー、ジャカルタのチピナン、香港のスタンレー、フィリピンのモンテンルパ（ニュー・ビリビット）――植民地宗主国がつくった刑務所である。どこも見上げるような塀に囲まれていた。敗戦後は、日本の戦犯容疑者が収容されていた。この二十数年、東南アジアを旅行する時には、できるだけこれらの刑務所を訪れるようにしてきた。もちろん中には入れない。すでに、シンガポールのオートラム刑務所やジャカルタのグロドック刑務所のように、高層住宅やショッピングセンターに変わったところもある。

外部と隔絶された刑務所の中で、戦犯容疑者たちはどのような思いで、ひとりあらたな「戦争」に向き合ったのか。帰国に心おどらせる仲間と引き離されて、容疑者となった人たちがつぎつぎとこれらの刑務所に送られてきた。その数は、およそ二万五〇〇〇人と推定されている（法務大臣官房司法法制調査部『戦争犯罪裁判概史要』）。

BC級戦争裁判は、日本国内は横浜法廷一ヵ所だが、アジアでは四六ヵ所で開かれている（中華人民共和国、ソヴィエトは除く）。それぞれの地に、刑務所があり容疑者が収容されていた。死刑を免れて日本に送られてきた戦犯たちは、しばしばスガモは天国だと書いている。アジアの刑務所は、待遇もその自然条件も苛酷だった。戦争裁判が最も遅くまで行なわれたのは、オーストラリアのマヌス島、終了したのは一九五一年四月九日である。最後の死刑は、一九五一年一月一九日、フィリピンで一四人が執行されている。戦争が終結してから五年、平和条約の締結に向けて日本が動き出している時に、死刑が執行され、オーストラリアでは戦争裁判が続いていた。無期・有期刑となった者の勾留も続いていた。

平和条約の締結をまえに、アジア各地の刑務所に勾留されていた戦犯たちが、日本に送還されてきた。朝鮮人、台湾人戦犯も日本に送還されてきた。オランダ裁判の戦犯は、一九五〇年一月に横浜に到着した。この中に、後の平和グループのメンバー松浦猪佐次《いさじ》や飯田進たちがいた。李鶴来《イハンネ》や樽本重治《たるもとじゆうじ》たちイギリス関係の戦犯が日本に送還されたのは、一九五一年八月である。そこからふたたびスガモでの勾留生活がはじまった。

戦争指導者の多くは追及を免れ、公職追放もつぎつぎ解除されていた。東条英機《とうじようひでき》内閣の国務大臣だった岸信介《きしのぶすけ》はA級戦犯が処刑された翌日、一九四八年一二月二四日に、すでに釈放され、政治家として復帰していた。敗戦時には第一八方面軍作戦課長だった辻政信《つじまさのぶ》は、一九五〇年一月、戦犯指名が解除されていた。一九五二年一一月には衆議院議員選挙に立候補して、当選している。BC級戦犯たちは、割り切れない思いだったろう。「問われた戦争犯罪」と「問われなかった戦争責任」――あまりにも「不条理」だった。しかも、平和条約で、日本政府は戦争裁判の判決を受け入れている（第一一条）。日本が主権を回復した後も、巣鴨刑務所と名前を変えた。かつてのスガモプリズンで戦犯としての勾留生活が続いた。

米軍管理下のスガモプリズンで、アジア各地の刑務所で、戦犯たちは戦争裁判を通して自らの過去と向き合ってきた。日本の戦争と戦争犯罪を考えてきた。何が問われたのか、戦争犯罪とは何か、裁かれた自分の「犯罪」を反すうし、死刑の理由を問い、戦争裁判の意義を考えてきた、いや、考えざるをえなかった。自分の「罪」を納得するために、考え、議論し、勉強を重ねてきた。そして、アメリカやイギリスやオランダの裁判にも疑問を抱き、厳しい目を向けていった。

かつての「大東亜共栄圏《だいとうあきょうえいけん》」の各地から、戦犯たちがつぎつぎとスガモに送られてきた。すでにスガモでも厳しい作業がなくなっていた。「すがも学園」が誕生し、『すがも新聞』

が刊行された。プリズンの内部に限られていたとはいえ、発言の場をもったのである。直接、裁判批判やスガモを管理するアメリカの批判はできなかったが、大きく変わる日本社会への関心は深く厳しい目を向けていた。スガモ言論人が『新聞』の冒頭に論説を発表し、文芸欄には小説や短歌、俳句などが掲載された。三食付きで労働も楽になり、図書の貸し出しも自由にできたスガモで、戦犯たちは猛勉強をし、多くの作品をまとめている。芥川賞を狙っていた「小説家」もいた。戦争と戦争裁判をくぐりぬけてきた戦犯たちは、言いたいことが山のようにあった。題材にはことかかなかった。発表できなかった多くの作品をもっている人も多い。そんなかれらの関心が「釈放」にあったことは本書でも述べたが、再軍備への危惧もつよかった。朝鮮戦争の勃発に衝撃をうけた戦犯たちは、「ノーモア・ウオー」「ノーモア・スガモ」の声を、スガモの中から起こしたのである。その声を、塀の外の平和運動は、どこまで受けとめたのか。平和運動もまた自らの戦争責任を回避しているのではないのか、天皇制の論議を避けているのではないのかと、若い戦犯たちは疑問を抱いた。その中から、社会科学を学び、「なぜ戦争がおこるのか」を論議しつづけるグループが生まれてきた。反戦平和のために行動しようとしたのである。

戦争犯罪と一口に言っても、問われた犯罪の中味は十人十色であり、その受け止め方も多様であった。経験から何も学ばない人、思考を停止した人も、いただろう。だが多くの戦犯たちは、戦争に絶望し、平和を求めていたという。来る日も来る日も戦争について語り合い、戦争犯罪について考えた。戦争への反省が足りない戦後の日本に深く絶望しながらも、自分たちのことを外に向けて語り出した。釈放運動のために『戦犯裁判の実相』が編纂され、反省を込めた『われ死ぬべしや』や『壁あつき部屋』『あれから七年』が世に出た。戦後を生きることもできないまま刑死した人びとの遺書集『世紀の遺書』とことなり、これらの手記集は、戦後五年も六年も迷い、考えてきた戦犯たちの思索の結晶だった。収録された手記集を見事に脚色にした映像作品（「壁あつき部屋」「私は貝になりたい」）もできた。アジアへの加害の視点がない、朝鮮、台湾の植民地支配への反省の視点がないなどの批判もあったが、BC級戦犯の問題を戦後日本社会に投げかけた名作である。これらの手記集はまた、私が抱いていた戦争犯罪人のイメージを変えた。安部公房と同じように、私も中心メンバーだった松浦猪佐次や飯田進や禾晴道《のぎはるみち》たちの話に衝激を受けた。戦犯を、先入観で十把一絡げで見てきたことに気づかされた。BC級戦犯が、何を裁かれたのか、スガモプリズンの一人一人に即して考えなければいけない、そう思わされた手記集であり証言であった。スガモに「共産党細胞があった」ことも驚きだった。「テーゼ」や

「綱領」まで準備されていた。

一九九八年に公開された外務省外交史料館の文書の中にも、スガモに「プロ・コミュニスト」がいると言及していた。文書の中でアメリカの戦犯釈放委員会へーゲンは、『壁あつき部屋』を共産主義の宣伝とさえ評していた。戦犯たちの平和運動をアメリカに反対する危険な運動と見ていたのである。

巣鴨刑務所、スガモプリズンについては、すでに多くの書が刊行されている。本書では、これまでほとんど知られていなかった「プロ・コミュニスト」と評された平和グループに焦点をあてた。「私は貝になりたい」をつくりだす原動力になった「平和グループ」は、戦犯だからこそ再軍備に反対した人たちであり、命令に抗する勇気をもたなかった罪を引き受けた人たちである。戦争と平和の凝縮した空間で議論を重ねてきたかれらの問題提起は、いまも色あせない。違法な命令を前に、勇気をもてなかった罪を、自分は引き受けることができるのだろうかと、私たち一人一人に問いかけている。

編集部から執筆の依頼を受けてから五年以上がたってしまった。この間、多くのBC級戦犯をつくりだした日本軍の捕虜政策に私の関心が向いていたこともある。「私は貝になりたい」の原作の手記の一つを書いた加藤哲太郎は、捕虜収容所の分所長だったし、朝鮮人、台湾人戦犯の大多数が、捕虜収容所の監視員として集められた軍属だった。アメリカ軍第八軍による横浜裁判の場合、三三一件の事案を審議している。横浜裁判は、弁護人をつとめた桃井銈次弁護士の「BC級戦犯横浜法廷資料」を見るかぎり捕虜（敵国民間人・中国人関係を含む）にまったく関係ない事案はたったの一件、捕虜虐待を裁いた裁判といっても過言ではないだろう。捕虜問題は、スガモに直結していた。

スガモの平和運動については一九八五年八月号の雑誌『思想』の拙稿（「朝鮮戦争とスガモプリズン」）でとりあげたことがある。その後、外交史料館の関係資料が公開されたこともあり、今回は全面的に書き改めた。

本書に収録した『すがも新聞』は、戦犯の過去を引きうけて戦後、反戦と平和を考え、行動した亡き松浦猪佐次氏から寄贈されたものである。多くのBC級戦犯を物神両面から支え「スガモの恩人」と言われた故今井知文先生から寄贈された資料も活用させていただいた。改めて感謝したい。

二〇〇四年二月

内海愛子

著者紹介

一九四一年、東京都生まれ
一九六七年、早稲田大学文学部卒業
日本朝鮮研究所、パジャジャラン大学（インドネシア）客員講師などをへて
現在、恵泉女学園大学教員

主要著書

朝鮮人ＢＣ級戦犯の記録　シネアスト許泳の「昭和」（共著）　泰緬鉄道と日本の戦争責任（共編著）　戦後補償から考える日本とアジア

歴史文化ライブラリー
176

スガモプリズン
戦犯たちの平和運動

二〇〇四年（平成十六）五月一日　第一刷発行

著　者　内《うつ》海《み》愛《あい》子《こ》

発行者　林　英男

発行所　株式会社 吉川弘文館
東京都文京区本郷七丁目二番八号
郵便番号一一三―〇〇三三
電話〇三―三八一三―九一五一〈代表〉
振替口座〇〇一〇〇―五―二四四
http://www.yoshikawa-k.co.jp/

印刷＝株式会社 平文社
製本＝ナショナル製本協同組合
装幀＝山崎　登

歴史文化ライブラリー

1996.10

刊行のことば

現今の日本および国際社会は、さまざまな面で大変動の時代を迎えておりますが、近づきつつある二十一世紀は人類史の到達点として、物質的な繁栄のみならず文化や自然・社会環境を謳歌できる平和な社会でなければなりません。しかしながら高度成長・技術革新にともなう急激な変貌は「自己本位な刹那主義」の風潮を生みだし、先人が築いてきた歴史や文化に学ぶ余裕もなく、いまだ明るい人類の将来が展望できていないようにも見えます。このような状況を踏まえ、よりよい二十一世紀社会を築くために、人類誕生から現在に至る「人類の遺産・教訓」としてのあらゆる分野の歴史と文化を「歴史文化ライブラリー」として刊行することといたしました。

小社は、安政四年（一八五七）の創業以来、一貫して歴史学を中心とした専門出版社として書籍を刊行しつづけてまいりました。その経験を生かし、学問成果にもとづいた本叢書を刊行し社会的要請に応えて行きたいと考えております。

現代は、マスメディアが発達した高度情報化社会といわれますが、私どもはあくまでも活字を主体とした出版こそ、ものの本質を考える基礎と信じ、本叢書をとおして社会に訴えてまいりたいと思います。これから生まれでる一冊一冊が、それぞれの読者を知的冒険の旅へと誘い、希望に満ちた人類の未来を構築する糧となれば幸いです。

吉川弘文館

〈オンデマンド版〉
スガモプリズン
戦犯たちの平和運動

On Demand
歴史文化ライブラリー
176

2018年（平成30）10月1日　発行

著　者　内《うつ》海《み》愛《あい》子《こ》
発行者　吉川道郎
発行所　株式会社　吉川弘文館
〒113-0033　東京都文京区本郷7丁目2番8号
TEL　03-3813-9151〈代表〉
URL　http://www.yoshikawa-k.co.jp/

印刷・製本　大日本印刷株式会社
装　幀　清水良洋・宮崎萌美

内海愛子（1941〜）

ISBN978-4-642-75576-4